Harold B. Johnson

University of Virginia

DOIS ESTUDOS POLÉMICOS

Fenestra Books

2004

Dois Estudos Polémicos

Published by Fenestra Books™
610 East Delano Street, Suite 104
Tucson, Arizona 85705
U.S.A.

www.fenestrabooks.com

International Standard Book Number: 1-58736-345-3
Library of Congress Control Number: 2004106422

Índice de Gravuras

Este livrinho é

dedicado

à memoria de

Virgínia Rau

Índice

Introdução

Cristóvão Colombo tem sido um espinho na memória nacional de Portugal desde o dia em que, em março de 1493, ao voltar da sua primeira viagem às "Índias" fez uma paragem em Lisboa para informar o Rei D. João II sobre a sua descoberta. Estas duas personagens já se haviam conhecido cerca de nove anos antes, em 1484. Nessa altura Colombo procurava apoio económico por parte de D. João II para financiar a sua audaciosa ideia de chegar à Ásia navegando para Oeste. Mas o Rei recusou a sua proposta. Os estudiosos que aconselharam D. João II sabiam muito bem que as ideias do navegador Genovês eram erróneas. Mas, depois de ter alcançado o que pensou ser las "Indias," Colombo não podia resistir à tentação de se ir vangloriar ao homem que duvidou de si e que se recusou a apoiar a sua ideia "disparatada." Na verdade, a longo prazo, a Coroa portuguesa pagou caro pela recusa de D. João II em apoiar a rota rumo a oeste proposta por Colombo, porque teve como resultado que foi Castela, e não Portugal, quem conquistou e aculturou a maior parte do Novo Mundo, apoderando-se das riquezas destas terras, uma bem-vinda fonte de rendimento que serviu para apoiar e fortalecer a "Monarquia Española" durante a maior parte dos séculos XVI e XVII.

Mas ao invés de se arrepender da azarada decisão de D. João e seguir em frente, a historiografia portuguesa, começando com os irmãos Cortesão, tentou diminuir e depreciar Colombo e o seu feito.[1] Argumentou que Espanha não venceu Portugal na descoberta do Novo Mundo, já que, na verdade, os portugueses

1

já tinham conhecimento do Novo Mundo muito antes de Colombo, desde os tempos do Infante D. Henrique o "Navegador." Apesar de Castela ter explorado e desenvolvido a maioria do Novo Mundo, a glória de serem os primeiros a descobri-lo foi, e sempre será, dos portugueses. E como foi que os portugueses conseguiram isso? Através de uma *política de sigilo*, ou seja, ao manter sistematicamente as suas descobertas em segredo. Assim a Coroa portuguesa assegurava uma vantagem de conhecimentos em relação aos castelhanos que utilizava com regularidade para superar a nação vizinha. Por exemplo, durante as negociações do Tratado de Tordesilhas em 1493-94, D. João II habilmente utilizou o seu conhecimento prévio sobre o Novo Mundo para assegurar a reivindicação de Portugal quanto ao futuro Brasil, fazendo-o mesmo debaixo dos narizes dos castelhanos que nada suspeitavam.[2] Esta noção, que tanto enaltece o ego nacional, ficou firmemente enraizada na historiografia portuguesa. Tão enraizada ficou que até críticas lógicas e devastadoras de historiadores como Diffie e Albuquerque, entre outros, não foram capazes de demovê-la.[3] Há, com certeza, indivíduos

---

1.   Jaime Cortesão, *Os Decobrimentos Pre-Colombinos dos Portugueses*, em *Obras Completas de Jaime Cortesão*, VIII (Lisboa, 1966); ibid., *A Expansão dos Portugueses no Período Henriquino*, em *Obras Completas*, V (Lisboa, 1965); ibid., *A Política de Sigilo dos Descobrimentos* (Lisboa, 1960); Armando Cortesão, *The Nautical Chart of 1424 and the early Discovery and Cartographical Representation of America: A Study on the History of early Navigation and Cartography* (Coimbra, 1954); ibid., *The Mystery of Vasco da Gama* (Coimbra, 1973).

2.   E.g., Luís Adão de Fonseca, *O Tratado de Tordesilhas e a Diplomacia Luso-Castelhana no Século XV* (Lisboa, 1991); Jorge Couto, *A Construção do Brasil* (Lisboa, 1995); Manuel Fernandes Costa, *O Descobrimento da América e o Tratado de Tordesilhas* (Lisboa, 1979); ibid., *As Navegações Atlânticas no sec. XV* (Lisboa, 1979); Fernando Castelo-Branco, "O Tratado de Tordesilhas e o Brasil, *"El Tratado de Tordesillas y su proyección* (Valladolid, 1974), I, pp. 323-329, etc.

em Portugal que não a aceitam mas, de uma maneira geral, ainda lidera um influente número de seguidores. Eu próprio nunca fui convencido por este conceito. Na verdade considerei-o quase absurdo. Encarei-o como um bálsamo interpretativo elaborado principalmente para apaziguar o ego português pela oportunidade perdida quanto à rejeição de Colombo por parte de D. João II.[4] Mas na altura percebi que era quase impossível refutá-lo com provas evidentes, como foi demonstrado pelos fúteis esforços de Diffie e Albuquerque. Como se pode desmentir algo que nunca foi? A questão é, basicamente, fechada e circular: Se as provas documentais das descobertas pré-colombinas têm omissões, de acordo com os seus defensores, tal deve-se ao simples facto de as mesmas terem sido intencionalmente mantidas em segredo ou destruídas. Resumindo, a política de sigilo é utilizada pelos seus apoiantes para explicar a não existência de sólida evidência das viagens pré-colombinas ao Novo Mundo. E mais: esta falta de evidencia por si só, tende de provar a sua ocorrência!

---

3. Ver Bailey Diffie, "Foreigners in Portugal and the 'Policy of Silence.'" *Terrae Incognitae*, I (1969), pp. 23-34 [um artigo sistematicamente esquecido pela historiografia portuguesa]; Luis de Albuquerque, "Política de sigilo," *Dicionário de História de Portugal*, III (Lisboa, 1968), p. 864. Um bom debate geral por Francisco Contente Domingues, "Sigilo, Política de," *Dicionário de História dos Descobrimentos Portugueses*, dir. Luís de Alguquerque, II (Lisboa, 1994), pp. 989-992. De igual modo, os historiadores espanhóis tendem a rejeitar a ideia: ver Consuelo Varela, *Cristobal Colón: Retrato de un hombre* (Madrid, 1992), p. 142.

4. Como comentado por Francisco Contente Domingues no seu artigo citado na anotação 3, "Como seguramente aconteceu, na exaltação dos feitos portugueses por antítese a obras publicadas no estrangeiro, onde os principais louvores da expansão europeia recaíam amiúde em personagens como Colombo ou Vespúcio, subalternizados, em contrapartida, por parte da historiografia nacional, que em afirmando geralmente...a primazia das descobertas e dos conhecimentos dos portugueses...."

Ocorreu-me depois que outra forma de expor a lógica dúbia desta metodologia seria (admitindo que seja algo indirecta, mas, talvez por essa razão, mais eficaz do que confrontos directos) utilizar a mesma lógica que se encontra por detrás da *política de sigilo* para chegar a uma conclusão completamente diferente, uma que é menos sedutora para a identidade nacional, talvez até mesmo incómodo.[5] Basicamente pensei porque não desligar a *política de sigilo* das questão da descobertas transatlânticas, deixando-a correr para o outro lado da rua como que um cão enraivecido, para, de surpresa, espetar os dentes em...sabe-se lá?...talvez um ícone nacional. Que entusiasmo demonstrariam então os apoiantes para tal metodologia?

A busca por uma vítima não foi demorada. De novo em voga graças à sua biografia escrita por Sir Peter Russell, Henrique o "Navegador," o ícone nacional de Portugal por excelência, seria o alvo perfeito. A biografia do Infante D. Henrique de Russell pode ser considerada como definitiva na maioria dos aspectos, mas mesmo assim deixa de explorar de forma satisfatória várias facetas da personalidade do Infante e, principalmente, a sua sexualidade. Ao invés de falar sobre estes aspectos com a atenção que merecem, Russell simplesmente aceita a ideia tradicional que se tem do Infante como um modelo de "castidade" assexuada.[6] Esta omissão deu-me a oportunidade que procurava.

A falta de interesse que o Infante indubitavelmente nutria pelo sexo oposto nunca foi explicada de forma convincente. Nenhum dos cargos que detinha lhe impunha o celibato. Este facto deu-me a entender que a sua imagem cuidadosamente

---

5.   Esse parece ser realmente o caso. Entreguei o meu estudo sobre a personalidade do Infante D. Henrique a um dos principais periódicos históricos de Portugal (no qual já tinha feito publicações) e após vários meses de espera, fui finalmente informado que não era "próprio" para publicação. Não foi dada qualquer razão pela decisão tomada; o meu conhecimento não foi certamente criticado. Daí que julgo que a conclusão a que cheguei era simplesmente *non grata* em Portugal.

cultivada de "castidade" bem que poderia ter sido um subterfúgio para esconder a verdade. Será que os seus interesses sexuais tinham outras orientações? Se o Infante D. Henrique tinha realmente segredos, pareceu-me que esses segredos seriam mais provavelmente utilizados para disfarçar a sua sexualidade do que para esconder qualquer suposta descoberta marítima da América antes de Colombo. Na verdade, todos os indícios de secretismo por parte do Infante que Jaime Cortesão julgou ter descoberto podem ter sido reais, mas o seu propósito seria esconder a verdadeira natureza da sexualidade do Infante para a posteridade, e não para esconder as suas descobertas marítimas de rivais. E foi assim que comecei a tecer a minha teia de factos e circunstâncias em apoio da hipótese do Infante sendo um homossexual não assumido.[7]

Assim sendo, o meu artigo é, basicamente, "ambíguo," da mesma forma que a famosa pintura de Abraham Lincoln por

---

6. Os comentários de Will Roscoe na recensão feita a *A Stranger in Her Native Land: Alice Fletcher and the American Indians* (S. F. Bay Area Gay and Lesbian Historical Society Newsletter, 5:2 [1989], pp. 8-9) de Joan Mark são extremamente pertinentes a esta situação: "...[Historiadores e biógrafos-já para não falar em muitos leitores-regularmente] projectam a heterossexualidade sobre [relatos de figuras históricas] sem nunca identificar a projecção como tal, como se não existisse qualquer outra possibilidade.... Imensos estudiosos atribuíram comportamentos e motives heterossexuais a figuras históricas sem apresentar provas ou debater alternativas...na falta de evidência conclusiva de práticas sexuais, deve-se defender [e "documentar"] uma interpretação heterossexual da mesma forma que se defende uma interpretação homossexual ou lésbica...."

7. Embora por acaso, também me apercebi que tinha descoberto outros elementos importantes a seu respeito e relativamente ao seu carácter que tinham até então sido ignorados. Resumindo, a minha intenção irónica de utilizar a política de sigilo para provar "repugnante" levou a outros resultados verdadeiramente interessantes, o mais notável sendo a forma como se encaixa perfeitamente na categoria psicológica de "narcisista fálico."

Salvador Dali também é ambígua. Por um lado, o meu estudo pode ser entendido como uma refutação irónica da *política de sigilo* de Cortesão; de outro ponto de vista, é uma especulação sobre a vida sexual do Infante. O leitor pode fazer a sua escolha, ou alternar entre os dois pontos de vista a seu belo prazer.

* * *

O segundo estudo, "Um Pedófilo no Palácio," nasceu como um apêndice ao meu estudo do horóscopo natal do Rei D. Sebastião.[8] Aí, se bem que com alguma trepidação, sugirei que D. Sebastião poderá ter sido abusado sexualmente aos onze anos, muito provavelmente pelo seu tutor/confessor, o Jesuíta, Luís Gonçalves da Câmara.[9] Esta minha ideia teve algum impacto, pelo menos fora de Portugal, pelo que decidi desenvolvê-la. Tinha particular interesse em descobrir, se possível, se o abuso que sofreu teve o efeito de o firmar num estilo de vida homossexual. Uma análise mais aprofundada das fontes foi surpreendentemente reveladora relativamente a este assunto e tornou-se claro que ele adoptou de facto um estilo de vida homossexual, ainda que de forma secreta, durante a sua curta vida. A maior parte da evidência relativamente a esta questão pode ser encontrada na *Historia del Reyno de Portugal* de Manuel de Faria y Sousa, em que várias histórias sobre o comportamento "estranho" de D. Sebastião estão salvaguardadas. Estas histórias parecem ter sido omitidas ou ignoradas, acidental ou propositadamente, principalmente por historiadores portugueses.[10] No entanto, algo particularmente interessante relativamente a essas histórias é a forma como encaixam tão bem no retrato de um jovem homossexual. Na verdade, elas só

---

8.   Harold Johnson, *Camponeses e Colonizadores*, (Lisboa, 2002), pp. 143-166.
9.   Desde então cheguei à conclusão que a infecção teve lugar quando ele tinha dez anos.

fazem "sentido" assumindo que D. Sebastião tinha o hábito de procurar aventuras sexuais à noite, e por vezes até de dia. Enquanto que a ingenuidade relativamente a este assunto pode ser uma explicação pela qual nenhum historiador tenha reparado nesta evidência antes, também me parece igualmente provável que, tendo em conta que a maioria dos portugueses tem perfeito conhecimento sobre a homossexualidade (apesar de evitar debater o assunto), que estas histórias tenham sido ignoradas por razões de puritanismo ou aparências. Sendo alguém "de fora" achei que tinha mais liberdade para poder aprofundar o assunto e chegar à verdade, por muito polémico que fosse, e é isso que tento fazer com o meu artigo.

* * *

Finalmente, queria explicar em poucas palavras a razão da minha dedicatória. Tive o privilégio de conhecer a Professora Virgínia Rau na Universidade de Yale onde, em 1963, era professora convidada de história. Falei-lhe do meu interesse em fazer um estudo sobre o *casal* medieval português como instituição socio-económica, e esperava que a Professora Doutora me pudesse aconselhar relativamente à minha pesquisa. No fim da nossa conversa, ela teve a amabilidade de me convidar a visitá-la no ano seguinte, altura em que iria a Portugal. Assim, no Verão de 1964, pouco depois de ter chegado a Lisboa, ela recebeu-me no escritório do primeiro andar de sua casa, na Avenida da República. Foi lá que, enquanto eu saboreava um cálice de xerés, ela me conduziu nos primeiros passos ao fascinante mundo da história de Portugal, lendo trechos seleccionados da bibliografia do estudo do Padre Avelino sobre a Diocese de

---

10. Foram utilizadas pelo mais recente biógrafo de D. Sebastião, que ingenuamente não consegue compreender o seu verdadeiro significado. Ver António Villacorta Baños, *Don Sebastián, Rey de Portugal* (Barcelona, 2001), pp. 69-90.

Braga (um trabalho que eu já havia estudado detalhadamente na Universidade de Chicago). Após cerca de uma hora, a Doutora Virgínia terminou a nossa conversa sugerindo que eu visitasse a Universidade de Coimbra a fim de falar com pessoas que teriam melhores conhecimentos sobre o assunto.

No entanto, antes de me ir embora, ela teve a generosidade de me dar outro conselho útil. Avisou-me que nós, os americanos, devemos ter o cuidado de não cair na tentação de plagiar as teses de licenciatura portuguesa para depois as apresentar como doutoramentos nos Estados Unidos. Nunca esqueci essa sua sábia advertência e agora, convicto de que nenhum dos dois estudos aqui publicados alguma vez apareceu numa tese de licenciatura portuguesa, nem em nenhum outro lugar, tenho todo o prazer em dedicá-los à Professora Doutora Virgínia como agradecimento pelo interesse que demonstrou por este seu antigo protegido que lhe fica sempre grato.

À Descoberta do Carácter do Infante D. Henrique: Uma Abordagem Freudiana

À Descoberta do Carácter do Infante D. Henrique: Uma Abordagem Freudiana

[A questão que Jaime Cortesão nunca se atreveu a colocar: poderá o Infante D. Henrique "O Navegador" ter sido homossexual?][11]

1. A RAZÃO PARA JAIME CORTESÃO NUNCA TER COLO-COCADO A QUESTÃO

O Infante D. Henrique: um enigma psicológico

A publicação recente de uma nova biografia do Infante D. Henrique, O Navegador,[12] põe novamente em relevo este ícone da Expansão Europeia, convidando a dispensar-se uma renovada atenção ao precursor português de Colombo. Como justificação para a sua nova biografia, Russell explica que, entre outros motivos, desejou obter uma visão mais próxima do Infante enquanto ser humano e, de facto, descobrir o que

---

11. Queria agradecer o Prof. David Abulafia pelos seus comentários a respeito do artigo numa versão prévia.

11

"mexia" com ele. Em diversos aspectos este escritor foi muito bem sucedido, muito mais certamente do que qualquer outra pessoa até à data. Não obstante, não chegou a tocar em determinadas questões essenciais quanto ao carácter ou personalidade do Infante; por conseguinte, apesar de toda a nova informação apresentada na biografia, quanto ao Infante e suas actividades, incluindo interpretações curiosas sobre muitos pontos já conhecidos, o verdadeiro carácter e personalidade essencial do Infante D. Henrique parecem continuar a fugir-lhe.[13] Como Sumption refere no seu recente estudo, "...muito pouco se sabe a seu respeito... cartas particulares raramente sobreviveram... cônjuges e amigos trocavam opiniões em surdina e em privado...[enquanto] cronistas sicofânticos cobriam os homens insignes de louvores convencionais, dos quais somente emergiam bonecos de cartão."[14] Em resumo, o Infante de Sagres continua a manter-se até certo ponto numa espécie de penumbra psicológica.[15]

A sua suposta castidade

Russell negligencia especificamente a investigação referente ao tema da sexualidade do Infante D. Henrique, mencionando meramente que este detinha uma reputação geral, entre

---

12. Sir Peter Russell, *Prince Henry 'The Navigator': a life* (Londres e New Haven, 2000). O livro recebeu a recensão crítica favorável e competente de Jonathan Sumption, na obra "Gold was the Lure," *The Spectator* (5 August, 2000), e de J. M. Roberts, "No passage to India," *Times Literary Supplement* (14 de Julho, 2000). Por outro lado, a recensão crítica recente da autoria de Richard L. Betz em *Terrae Incognitae*, vol. 33 (2001), pp. 92-93, é, no mínimo, bastante menos satisfatória.

13. Russell, p. 3: "...somos confrontados de imediato com uma personalidade obstinadamente enigmática que parece apresentar, qual camaleão, um leque de diferentes imagens de acordo com os vários contextos em que se nos depara."

14. Sumption, p. 36.

os seus contemporâneos, de ser um homem "casto," descrição esta que Russell nunca põe em causa. Esta frase feita da historiografia henriquina baseia-se em diversos testemunhos, entre os quais se conta Zurara ("...toda sua vida passou em limpa castidade, e assim que virgem o recebeu a terra").[16] Conta também o testemunho de Alvise da Mosto ("Não quis nunca tomar mulher, sob grande castidade.")[17] Por seu lado, Duarte Pacheco Pereira (1508) afirma: "...uiueo sempre tam virtuosa e castamente que nunca conheceo mulher nem bebeo vinho."[18]Deve ter-se em conta que nenhuma destas declarações, mesmo que possam ser totalmente verosímeis, implicam que o Infante nunca tenha empreendido alguma forma de actividade sexual; todas colocam a questão da sua "castidade" apenas no contexto das suas relações com o sexo feminino. Poder-se-á ainda notar que comentadores mais tardios revelaram-se mais ambíguos e provavelmente mais cépticos na sua abordagem do tópico. Ruy de Pina, por exemplo, comenta que "[O Infante foi]...sempre casto, e a fazer fé na opinião comum, era virgem..."[19] enquanto João de Barros escreve "... porque se crê que foi virgem."[20]

---

15. Ver os comentários excepcionalmente pertinentes de Alfredo Pinheiro Marques, "A Maldição da Memória e a Criação do Mito: o Infante D. Pedro e o Infante D. Henrique nos Descobrimentos," em *Os Descobrimentos Portugueses no Século XV: II Simpósio de História Marítima* (Lisboa, 1999), pp. 125-126: "A verdade é que o Infante D. Henrique, nas suas acções e nas suas omissões, foi sempre uma personalidade muito enigmática e apagada...o que é extremamente estranho para alguém que detinha a segunda maior Casa Senhorial do país..." (p. 125).

16. Gomes Eanes de Zurara, *Crónica de Guiné*, ed. com Introdução por José de Bragança, (Porto, 1973), p. 22. Bragança é da opinião, contudo, que esta passagem é uma interpolação posterior, retirada provavelmente de Diogo Gomes (Zurara, p. xxxv).

17. *Viagens de Luís de Cadamosto e Pedro de Sintra*, ed. Academia Portuguesa da História (Lisboa, 1988), p. 4, 84.

18. Duarte Pacheco Pereira, *Esmeraldo de situ orbis*, ed. Damião Peres, (Lisboa, 1988), p. 77.

Éremota a hipótese de a sua "castidade" se dever a algum problema físico, na medida em que o seu pai, D. João I, que certamente teria conhecimento do mesmo, pelo menos duas vezes requereu dispensas papais que permitiriam ao Infante D. Henrique contrair matrimónio sem quaisquer impedimentos legais.[21] Todavia, o resultado da sua aceitação dócil de uma frase feita do século XV é que Russell nunca chega realmente a encarar o Infante D. Henrique tal como ele verdadeiramente terá sido. Para além de comer, dormir e ir à missa, como comentava o seu irmão reprovadoramente,[22] a que mais se dedicava? Indo ao cerne da questão, não obstante a sua reputação ostensiva de "castidade," terá tido vida sexual?

A aceitar as afirmações de longa data de Freud, nomeadamente que a sexualidade do indivíduo constitui o paradigma da sua personalidade em geral,[23] somos então confrontados no caso do Infante D. Henrique com o enigma de como uma pessoa aparentemente tão agressiva, determinada e enérgica nas suas acções e actividades (apesar dos comentários do seu irmão) poderia em simultâneo viver numa total abstinência sexual? Isto de facto não tem sentido, como Vitorino Magalhães Godinho notou há anos.[24] Desta forma, parece que será conveniente lançar um olhar mais atento à sexualidade do Infante D. Henrique se desejarmos obter uma imagem sua mais completa enquanto

19.   Ruy de Pina, *Chronica do Senhor Rey D. Affonso V,* ed. M. Lopes de Almeida, (Porto, 1977), p. 793.

20.   João de Barros, *Ásia, Primeira Década,* 4ª edição, ed. António Baião, (Coimbra, 1932), p. 60.

21.   Ver *Monumenta Henricina* (Coimbra, 1963), II, pp. 353-354, para o texto da bula do Papa Martinho V, Apostolice sedis, datada de 26 Outubro de 1419, pela qual é conferido ao Infante D. Henrique o direito de contrair matrimónio com qualquer mulher que desejasse, independentemente do grau de consanguinidade. Na altura, o Infante teria 25 anos de idade.

22.   Zurara, p. xxxvi: "...Que...nom vivaes em comer, dormir, ouvir missas e semelhante...."

23.   A. de Mijolla, *As Palavras de Freud* (Lisboa, 1983), p. 47.

ser humano e uma melhor compreensão da fonte psicológica das suas acções.

Dúvidas quanto à sua castidade

Podemos começar por notar que a aceitação rápida por parte de Russell quanto à explicação dada pelo próprio Infante D. Henrique relativamente à sua vida sexual (ou antes a falta da mesma) não encontrou sempre correspondência em Portugal. Embora a auto-imagem henriquina, já criada no século XV, de um virgem casto obcecado apenas com a ciência astronómica e a geografia tenha preponderado desde a época, alguns espíritos empreendedores de Portugal colocaram questões directas, por vezes mesmo embaraçosas. Em 1965, por exemplo, V.M.Godinho observou que é "fortemente improvável" que o Infante D. Henrique tenha permanecido virgem toda a sua vida. Provavelmente Godinho suspeitava que, na realidade, o Infante D. Henrique teria mantido relações com uma ou mais mulheres, e possivelmente teria mesmo ter gerado uma criança bastarda.[25]

Muito provavelmente, terá sido cepticismo deste género entre os historiadores portugueses que terá alimentado o boato importuno quanto a um documento, supostamente visto uma vez de relance por Domingos Maurício dos Santos nos arquivos do Vaticano, pelo qual o Infante D. Henrique vinha requerer ao Papado que legitimasse um filho ilegítimo. Tendo Gomes dos Santos reivindicado ter visto o documento, este foi mais tarde procurado por diversos investigadores, porém inutilmente, levando à subsequente suspeita de que o documento, se alguma vez existiu, terá sido mais tarde removido de lugar ou furtado. E nesta confusão indecisiva ainda se mantém a questão.[26]

---

24. Vitorino M. Godinho, *Documentos sobre a expansão portuguesa* (Lisboa, 1965), III, pp. 365-66: "...é fortemente improvável que o Infante se conservasse virgem toda a vida...."
25. Ver nota 24.

Todavia, o aspecto mais significante e revelador de toda esta contenda não é, no nosso entender, a questão ostensiva de saber se o Infante D. Henrique terá na verdade sido pai de uma criança ou se o documento que atesta este facto chegou alguma vez a constar dos arquivos do Vaticano, mas antes a comprovação que proporciona de que a classe dos historiadores portugueses há muito que se sente constrangida com a ideia de um herói nacional assexuado, uma imagem demasiado sugestiva de excentricidade ou mesmo até de anormalidade. Na realidade, é de suspeitar que para muitos historiadores portugueses teria sido bastante melhor que o Infante D. Henrique tivesse sido o pai dissoluto de um bastardo do que um indivíduo que não sentisse qualquer interesse pelo sexo feminino.

Porém, o que nenhum destes historiadores que aparentemente (e muito acertadamente) não se satisfizeram na totalidade com a história da "castidade," se chegou a aperceber, ou talvez tenham receado referir a questão se tal ideia lhes tivesse ocorrido, é que a resposta mais sensata e lógica para o mistério da sexualidade do Infante D. Henrique era a de que este nunca manifestara qualquer interesse por mulheres pela simples razão que se interessava antes por homens: em resumo, um homossexual não assumido que terá passado a maior parte da sua vida a ocultar a verdade a respeito da sua vida sexual, envidando para o efeito esforços certamente consideráveis. Tal ideia, contudo, tem sido encarada como sendo demasiado herética até para ser levada em conta, e tanto quanto temos conhecimento, nunca alguma vez terá um historiador português mencionado a homossexualidade no mesmo fôlego que o Infante D. Henrique.[27] Muito menos Jaime Cortesão, o qual, embora o seu ponto de vista relativamente ao Infante tenha sofrido diversas transformações e desenvolvimentos,[28] nunca indica a possibilidade de qualquer desvio sexual, e com toda a certeza nunca dedicou à

---

26. A questão é discutida com maior pormenor em Duarte Leite, *História dos Descobrimentos, Colectânea de Esparsos* (Lisboa, 1962), II, pp. 363-382.

ideia sequer um segundo de atenção. De facto, a única ocasião em que Jaime Cortesão falou de sexo em conexão com o Infante D. Henrique foi no seu drama juvenil, *O Infante de Sagres*, no qual concebe o Infante D. Henrique a interpelar o mar com metáforas sexuais: "Levarei Portugal a desnudar-te o seio.... Água, virgem cruel, hei-de à força violar-te...." Tudo isto sugere, com certeza, uma orientação heterossexual.[29]

2. NESSE CASO, COLOCAMOS NÓS A QUESTÃO POR ELE

Conceito metodológico de sigilo

Os tempos já não são os mesmos desde a época de Cortesão, contudo, e tópicos anteriormente evitados têm estado nos últimos anos mais abertos à investigação e discussão. Em vista disto, embora os historiadores portugueses possam ainda hesitar quando confrontados com a questão da sexualidade do Infante D. Henrique, assumimos nós a questão de saber se o Infante terá sido ou não homossexual, colocando algumas perguntas pertinentes bem como propondo o que esperamos ser respostas razoáveis, tudo isto sendo para Cortesão certamente demasiado

---

27. São raros os estudos quanto à homossexualidade por parte de historiadores portugueses. No que respeita à história de homossexuais e desviantes, têm aparecido até à data apenas algumas abordagens (geralmente relacionadas com estudos inquisitoriais). Ver, por exemplo, J. J. Alves Dias, "Para uma abordagem do sexo proibido em Portugal, no século XVI," in *Inquisição: Communicações apresentadas ao I Congresso Luso-Brasileiro sobre Inquisição* (Lisboa, 1989), II, pp. 151-159.
28. Uma visão geral útil das diferentes interpretações feitas por Cortesão relativamente ao Infante D. Henrique é fornecida por Manuel Filipe Canaveira, "Cavaleiro, Cientista, Mercador: Imagens do Infante," *Oceanos*, XVII (Março, 1994): pp. 66-72.
29. Jaime Cortesão, *O Infante de Sagres*, 4ª ed. (Porto, 1960), p. 49.

perturbador alguma vez tivesse considerado ou discutido o assunto.

Não obstante, deve enfatizar-se que nas perguntas e respostas apresentadas faremos esforços especiais para utilizar como modelo a metodologia histórica do próprio Jaime Cortesão. Em suma, tentaremos colocar-nos na posição de Cortesão, fazendo o tipo de perguntas que este teria formulado se se tivesse atrevido a fazê-lo, e procurando as nossas respostas estritamente de acordo com os seus próprios instrumentos e abordagens historiográficos inovadores. Neste contexto, faremos uso em particular do seu conceito de *sigilo*, que define como "... um problema de método para aquilatar o valor das fontes informativas..."[30] enquanto que Luís de Albuquerque explica o termo de forma mais pormenorizada, comentando que "...Jaime Cortesão levou-a [a ideia de sigilo] às últimas consequências, já inferindo consequências positivas da ausência de elementos testemunhais, já procurando ler os textos com redobrada atenção para descobrir o que eles omitiam, ou, em seu entender, continham de sibilinamente criptográfico."[31] Aderir a esta técnica de Cortesão é apenas justo e apropriado, acreditamos, não apenas pelo respeito que nos merece o Mestre de história, mas também para evitar introduzir técnicas ou hipóteses estrangeiras num assunto notoriamente delicado, que bem poderá fazer subir o sangue patriótico à cabeça dos portugueses. Em resumo, contaremos profundamente com o conceito de sigilo para investigar a vida sexual do Infante D. Henrique, tentando tanto quanto possível mantermo-nos fiéis à metodologia de Cortesão.

---

30. Jaime Cortesão, "A Política do Sigilo nos Descobrimentos," vol. 20 das *Obras Completas* (Lisboa, 1997), p. 15. Cortesão recorreu a este "método" principal ou exclusivamente para descobrir provas da prioridade portuguesa na descoberta de terras para lá da Europa e temáticas relacionadas.
31. *Dicionário de História de Portugal*, III (Lisboa, 1968), p. 864.

3. RAZÕES PARA SUSPEITAR DO SIGILO DO INFANTE

Uso do sigilo por parte de D. Henrique

Antes de mais, será necessário olhar atentamente para a imagem decididamente incompleta do Infante D. Henrique e do seu comportamento já traçada pelo próprio Cortesão. Não obstante ser incompleta, certamente que não é destituída de relevância, e deveremos considerar com particular cuidado a descoberta de Cortesão segundo a qual o Infante D. Henrique praticava o que denominava de "política de sigilo" relativamente às suas descobertas geográficas, em especial às suas viagens pioneiras à América. Utilizando vários indícios que conseguiu detectar e, por assim dizer, fazer aparecer como por encanto a partir de documentação relevante, Cortesão chegou à conclusão que muitas das expedições marítimas enviadas pelo Infante D. Henrique teriam de facto descoberto terra firme nas margens ocidentais do Oceano Atlântico, mas que o Infante, por "razões de Estado," subsequentemente teria feito os maiores esforços para evitar que esta informação viesse a público.[32] Neste sentido, as investigações de Cortesão tornam amplamente claro que o Infante D. Henrique era um devoto entusiástico do secretismo e muito hábil em ocultar informações importantes de olhares indiscretos.

Ora então, iremos mais além e colocaremos a questão: teriam sido estas descobertas geográficas os únicos "segredos" que o Infante D. Henrique teria tido razão para encobrir? Não poderiam ter existido outros "segredos" na sua vida e nos seus assuntos relativamente aos quais teria tido boas razões para não querer que o público deles tomasse conhecimento? Não poderão ter ocorrido outros acontecimentos que possuíssem o potencial para lhe causar muito mais pesar do que uma ou duas viagens

---

32. Principalmente, no entender de Cortesão, para impedir que rivais castelhanos cobiçosos usurpassem a sua descoberta (Cortesão, *passim*).

rivais castelhanas que poderiam usurpar as suas terras recém-descobertas? De facto, como nos relembra Cortesão, "Mas para além dos segredos desvelados não haverá outros que tenham permanecido ocultos? Parece-nos que à luz da história cultural, da forma de vida dos Portugueses e da *psicologia dos caracteres*,[33] é possível perscrutá-los."[34]

Neste caso devemos concordar com Cortesão e replicar que, na verdade, o Infante D. Henrique poderá ter tido outros segredos para ocultar. Se o Infante era sexualmente "anormal," especificamente homossexual (e por enquanto trata-se apenas de uma hipótese de trabalho), não terá sentido a necessidade para ocultar esta informação do público por numerosas razões? De facto a "sodomia" (como na época se denominava) era encarada quase universalmente como um pecado atroz que merecia pena de morte. Nos termos do código real de 1449: "Sobre tôdoslos pecados, bem parece ser mais torpe, sujo e desonesto o pecado da sodomia, e não é achado outro tão aborrecido ante Deus e o mundo como ele; porque não tão somente por ele é feita ofensa ao criador da natureza, que é Deus, mais se pode dizer que toda natura criada, assim celestial como humana, é grandemente ofendida. E segundo disseram os naturais, somente falando os homens em ele sem outro algum auto, tão grande é o seu aborrecimento que o ar o não pode sofrer, mais naturalmente e corrompido e perde sua natural virtude...e por este pecado foi destruída a Ordem do Templo por toda a Cristandade em um dia. E porque segundo a qualidade do pecado, assim deve gravemente ser punido: porém mandamos e pomos por lei geral que todo homem, que tal pecado fizer, por qualquer guisa que se possa, seja queimado e feito per fogo em pó, por tal que já nunca de seu corpo e sepultura possa ser ouvida memória."[35] Não obstante ser pouco provável que um príncipe real culpado de tais práticas fosse executado pelo crime cometido, em com-

---

33. Itálico nosso.
34. Cortesão, p. 55. Os "segredos desvelados" referem-se à descoberta dos Açores pelo Infante.

paração com um súbdito comum, para uma personalidade tão
vaidosa e desejosa de glórias futuras como o Infante D.
Henrique, tal reputação teria sido certamente intolerável: uma man-
cha irreparável na sua imagem relativamente à qual teria
seguramente tomado todas as precauções para evitar. Por conseguinte, sigilo quanto a quaisquer tendências no género teria
sido essencial e não podem haver dúvidas de que o Infante
nunca terá cessado os seus esforços para manter a sua sexualidade precisamente neste estado: um segredo.[36]

Ora, como Cortesão gostava de comentar, "resta um problema a esclarecer."[37] Especificamente, de que forma poderá
D. Henrique ter engendrado tal dissimulação? Neste ponto, sus-
peita-se que poderá ter seguido duas linhas de acção principais, tal como, de acordo com Cortesão, seguiu duas linhas de
acção na sua política para encobrir as suas sensacionais descobertas geográficas.

A primeira poderia consistir uma campanha de desinformação que provavelmente tomaria a forma de se declarar casto ou
não-sexual como explicação para a sua óbvia falta de interesse
pela companhia feminina. E de facto foi isto exactamente o que
o Infante fez. Sempre que surgia uma questão relativamente à

---

35. *Ordenações do Senhor Rey D. Affonso V,* 5 volumes (Coimbra,
      1792), V, Título XVII, pp. 53-54. Esta censura e ameaça,
      muito embora possa não passar de "pano de boca," como man-
      tém Oliveira Marques, deixa clara a dimensão da aversão
      pública e extrínseca da época para com os homossexuais. Não
      apenas eram desprezados como estavam também sujeitos a
      certos perigos. Obviamente, o melhor a fazer por parte de
      alguém intensamente preocupado com a sua reputação, era
      tudo tentar para encobrir e disfarçar qualquer actividade do
      género, garantindo que informação alguma se difundisse, nem
      na época nem, por meio de provas documentais, no futuro.
36. Russell, p. 6: "O Infante, sempre muito consciente do facto de
      ser o centro das atenções, vivia obsessivamente preocupado
      com o problema de se assegurar que a sua fama era transmi-
      tida para a posteridade numa forma para si aceitável."
37. Cortesão, p 59.

sua vida sexual, a "castidade" ou "virgindade" era a explicação oferecida pelo Infante ou seus agentes. A segunda consistiria em remover através de disfarce e/ou dissimulação quaisquer provas que pudessem revelar a verdadeira natureza das suas ligações emocionais.[38]

4. PROVAS DO SIGILO E ALGUNS INDÍCIOS DO QUE PODERIA ESTAR A SER DISSIMULADO

Campanha de desinformação

As provas de uma campanha de desinformação são abundantes. A maior parte centra-se na sua reputação jactanciosa de castidade, bem como a sua religiosidade ostensiva. Na verdade, o facto de D. Henrique possivelmente se aproveitar da desculpa da "castidade" como máscara para as suas inclinações homossexuais torná-lo-iam um digno antepassado do seu neto-sobrinho, D. João II, o qual é apresentado por Cortesão como mestre consumado na arte de espalhar desinformação para despistar espíritos indiscretos quando tal lhe fosse conveniente. Contudo, o mais curioso relativamente à reputação de castidade de D.

---

38. De acordo com o horóscopo do Infante, na data do seu nascimento Marte encontrava-se na Casa XI, dos "Segredos e Ambições." Zurara interpretou isto no sentido de o Infante estar predestinado a desvendar segredos até então ocultos aos homens (Russell, p. 3). Uma leitura melhor seria a de que o Infante D. Henrique teria segredos que teriam de ser ocultos aos homens. Seja como for, embora tenha sido aparentemente capaz de encobrir referências dos seus fortes laços emocionais com homens nas fontes portuguesas, não conseguiu evitar que Antoine de La Sale relatasse as suas extraordinárias expressões de desgosto (que relembram a do Imperador Adriano relativamente a Antínoo) aquando da morte de um amigo na batalha de Ceuta (Antoine de la Sale, *Le Reconfort de Madame de Fresne*, ed. Ian Hill, (Universidade of Exeter, 1979), 29-30. Ver também nota 57.

Henrique é que esta já existia, aparentemente, desde os seus tempos da puberdade.[39] Isto torna difícil encarar a questão como uma opção tomada após um período inicial de experiência sexual—algo que se esperaria num jovem "normal"—ou um estilo de vida que mais tarde terá decidido adoptar. Pelo contrário, parece que se tratou de algo "intrínseco" à sua personalidade desde o início, por assim dizer. Em suma, o Infante parece NUNCA ter estado interessado sexualmente em mulheres em qualquer período da sua vida—enquanto novo ou já adulto. E isto, quase certamente, é uma marca de um homossexual "genético." Esta falta de interesse por mulheres é explicitamente revelada no seu parecer redigido na véspera da expedição a Tânger.[40]

Indícios do que tentava dissimular; Crónica de Guiné de Zurara

Para além da política, acima mencionada, de desinformação relativamente à sua sexualidade, por meio da pretensão de "castidade," existem também provas consideráveis, manifestas para quem esteja preparado para as descobrir, de que o Infante terá envidado muitos esforços para encobrir informações embaraçosas quanto às suas inclinações libidinosas.

Em primeiro lugar, existe um conselho algo estranho e ambíguo dado ao Infante por parte do seu irmão robustamente heterossexual, o rei D. Duarte,[41] no sentido de o Infante D. Henrique não dever "...mais prazer ao homens que quanto com grande verdade, justiça e toda a maneira virtuosa o poderes fazer, lembrando-vos que não deveis desprezar a Deus por comprazer a outra criatura...." Embora não seja totalmente claro ou explícito, este aviso oblíquo poderia bem referir-se a actividades sexuais desviantes, aludidas com delicadeza.[42]

---

39. Russell, p. 379, n.36.
40. *Mon.Henricina*, V, p. 202.
41. Que foi pai de oito crianças legítimas em dez anos de casamento para além de ter tido um filho bastardo.

Em segundo lugar, para um homem tão pronto a difundir de lés a lés uma imagem favorável de si mesmo, não apenas aos contemporâneos, mas também para a posteridade, é extremamente singular que tenha sobrevivido apenas uma única fonte literária significativa a seu respeito. Trata-se da *Crónica de Guiné*, da autoria de Gomes Eanes Zurara.[43] Ora é sabido que, no século XV, Zurara não era de forma alguma a única fonte de informação a respeito do Infante D. Henrique. Existiu também uma outra crónica da sua vida e actividades, aparentemente extensa, da autoria de um escritor misterioso chamado Afonso Cerveira. Zurara deixa escapar este facto em várias passagens da sua própria crónica, em que reconhece que deve muitas das suas informações a respeito do Infante D. Henrique ao trabalho anterior de Cerveira.[44] Contudo, surpreendentemente, a crónica de Cerveira desapareceu por completo, evaporou-se sem deixar qualquer rasto para além das referências feitas na narrativa de Zurara. Por que razão terá isto acontecido? Certamente não seria comum que crónicas importantes simplesmente desaparecessem. Na verdade, relativamente às vidas e actos de outros membros da família desse período subsistiram múltiplas fontes. Quanto ao Infante D. Henrique, misteriosamente, existe apenas uma: Zurara.

Igualmente significativo é o facto de ser universalmente aceite que a crónica de Zurara terá sido escrita com a intenção primordial de retratar o Infante e as suas actividades de forma lisonjeira. A crónica foi encomendada pelo sobrinho do Infante, o rei D. Afonso V (1438 – 1481), pouco tempo depois de aquele lhe ter prestado um apoio crucial e decisivo na vitória contra a facção que se opunha à subida de D. Afonso ao trono, e após o Infante D. Henrique ter redigido um testamento deixando em herança as suas vastas propriedades ao irmão de D. Afonso (o

---

42. Zurara, p. xxxvi.
43. Existem várias edições da crónica de Zurara. Utilizámos a de José de Bragança: ver nota 16.
44. Zurara, p. 353.

Infante D. Fernando, 1433-1470).[45] Montado pelo escriba real e
bibliotecário, a obra de Zurara é uma recensão elogiosa destinada a recompensar a lealdade do Infante, cuidadosamente for-
jada para enfatizar as suas virtudes e excluir quaisquer defeitos:
em suma, um prémio.[46] Para além disto, é provável que o próprio Infante tenha analisado a narrativa de Zurara à medida que
esta ia sendo escrita. Citando a pertinente observação de Cortesão: "[A crónica de Zurara]...estava possivelmente sujeita à
censura do Infante que teria eliminado tudo o que não queria
ver revelado."[47]

Indícios de dissimulação presentes na Crónica

Mesmo Zurara, num exame mais atento do seu texto, parece
ter sentido algumas reservas, até escrúpulos, em relação ao que
era constrangido a escrever. A este respeito, o seu panegírico ao
Infante, geralmente rejeitado pela lisonja retórica estereotipada
destinada a exibir o conhecimento dos clássicos por parte do
autor, merece mais atenção do que geralmente se lhe dis-
pensa.[48] Que Zurara se encontrava sujeito a uma pressão considerável deve ser claro para qualquer leitor discernente. De

---

45. Russell, pp. 347-350.
46. Filipe Nunes de Carvalho, "Historiografia Henriquina: Um
    pretérito imperfeito," *Oceanos*, 17 (1994), p. 75: "É sabido
    que a Crónica da Guiné, destinada a glorificar a vida e os fei-
    tos do Infante D. Henrique, deveu-se a iniciativa do próprio D.
    Afonso V, grato pela opção de seu tio na conjuntura que culmi-
    nou na batalha de Alfarrobeira. O carácter panegírico da Cró-
    nica da Guiné, natural quando se atenta no discurso
    encomiástico dos grandes heróis da nobreza que preside a
    todos os textos historiográficos de Zurara, torna-se ainda mais
    compreensível desde que se levem em linha de conta as condi-
    ções específicas em que foi elaborada."
47. Jaime Cortesão, "Do Sigilo Nacional Sobre os Descobrimen-
    tos," em *A Expansão dos Portugueses no Período Henriquino*,
    Obras Completas, V:4 (Lisboa, 1965), p. 276.
48. Zurara, pp. 35-41.

facto, uma leitura cuidadosa (Capítulo VI da Crónica) revela diversas passagens ambíguas por entre o fluxo constante de louvores generosos. Estas transmitem definitivamente o mal-estar de Zurara no que respeita à conduta moral do Infante D. Henrique, uma sensação incómoda de que existiam algumas questões a respeito do Infante demasiado delicadas para serem mencionadas e que não estava em condições de declarar abertamente. Na verdade, Zurara estava profundamente ciente do seu dever profissional como historiador para com a verdade, e ter de contornar estas questões criava-lhe dificuldades embaraçosas. Estava forçado pelas circunstâncias em que se encontrava a encobrir a verdade, mas em simultâneo, para aliviar a consciência quanto ao dever de honestidade que, nas suas palavras, é da responsabilidade de todo o historiador,[49] terá resolvido o problema apresentando alusões indirectas a factos através de referências clássicas que apenas poderiam ser detectadas por quem possuísse alguma educação cultural.

Isto foi feito adoptando como expediente a formulação de várias perguntas retóricas a um interlocutor imaginário, Valerius Maximus (ca. 1-50 A.D.), autor romano da "Idade de Prata," que escreveu uma compilação de exemplos morais, incluindo um sobre a Castidade.[50] Não obstante Valerius Maximus discutir diversos casos que envolvem homossexualidade, o que se revela interessante é a personagem que Zurara escolhe para estabelecer uma comparação com o Infante. De entre vários exemplos possíveis fornecidos por Valerius, Zurara opta por César e inclui referências específicas aos seus supostos vícios,[51] citando mais tarde São João Crisóstomo (354-407), bispo cristão do século IV e autor conhecido pelas suas denún-

---

49.   Zurara, p. 39: "...a sentença do que ordena a história haja de haver maior autoridade acerca daquilo que escreve, que outra alguma, pois com maior cuidade inquire a verdade das cousas...." E *passim*.

50.   Autor de *Factorum et dictorum memorabilium libri IX*; edição recente (Hildesheim & Nova Iorque, 1976).

cias incessantes de homossexualidade, no sentido de não existir santo sem vício.[52] A não ser que Zurara tivesse na mente especificamente a homossexualidade, torna-se estranho que tivesse seleccionado precisamente estas duas personagens de todas as figuras possíveis da antiguidade romana para tecer comparações e comentários.

Igualmente estranho é o facto de tão poucas outras informações sobre a vida do Infante D. Henrique, para além das fornecidas por Zurara, terem chegado até nós, o que é invulgar no contexto português, em que todos os outros membros da geração real deixaram escritos bem como quantidades consideráveis de objectos e peças de vestuário.[53] Temos uma certeza muito eloquente, todavia: todos os pertences do Infante que pudessem fornecer pistas não só quanto às suas viagens ambiciosas ao Novo Mundo mas também quanto à sua vida privada terão sido cuidadosamente arredados de olhares indiscretos, não sendo sequer mencionados nas cartas de quitação que pormenorizam o

---

51. Zurara, p. 38; César, um bissexual, era conhecido pela sua relação com o rei da Bitínia, bem como com outros homens: ver John Boswell, *Christianity, Social Tolerance, and Homosexuality* (Chicago, 1980), p. 75.

52. Boswell, pp. 131-132; 159; 160-161; 362-363; e especialmente 347: "São João Crisóstomo escreveu provavelmente mais sobre o tema da sexualidade homossexual do que qualquer outro escritor pre-freudiano, à excepção de Peter Damian." E Zurara, p. 40: "Qual foi o homem cujas virtudes, por alguma visinhança de vicios, não fossem ofendidas? Certamente não sou eu aquele que isto saiba nem deva dizer de ti...não podem os seus feitos receber ofensa, por nenhuma cousa que faça na terra, posto que a alguns pareçam dignas de repreensão, que se lhe pode dizer aquele dito de S. Crisostimo, scilicet: que não há aí cousa tão santa em que o mau interpretador não ache que travar."

53. Ver Alfredo P. Marques, "...para o caso dos restantes membros da família de Avis, estas análises (i.e., psicológicas, morais e éticas) até são possíveis, pois eles deixaram textos escritos...para que hoje em dia...consigamos fazer a reconstituição do carácter e da maneira de pensar...." (p. 125).

seu inventário post mortem.[54] Revela-se bastante significativo que, no mesmo ano em que faleceu, grande parte destes bens tenham sido reunidos e feitos desaparecer por Fernando de Castro, um fidalgo relacionado intimamente com o Infante, e por João Fernandes da Silveira, que levava a cabo missões diplomáticas a favor do Infante na Itália. Torna-se pertinente supor que terá o próprio Infante quem tenha indicado a estes companheiros próximos que desejava que a totalidade de tais bens fosse destruída após o seu falecimento.[55]

5. PROVAS CIRCUNSTANCIAIS DO SEU ESTILO DE VIDA HOMOSSEXUAL

Prova dos seus fortes laços afectivos para com homens

Como já notámos, o panegírico ambíguo de Zurara indicia alguns dos "vícios" na natureza do Infante, que evita descrever. Quais poderão ter sido tais "vícios"? Na nossa procura de pistas do que Zurara poderia estar a aludir, examinaremos primeiro as provas circunstanciais, e a seguir as psicoanalíticas, que estão à nossa disposição.

Enquanto que o Infante D. Henrique aparentemente não sentia qualquer desejo pela companhia feminina, tecendo comentários indiscutivelmente misóginos,[56] é nítido que era

---

54. Cf. Cortesão, p. 40.
55. Cf. Cortesão, p. 41; também Russell, pp. 355-358. Na sua Introdução à biografia do Infante D. Henrique da autoria de Vitorino Nemésio, Luis Filipe F. R. Thomaz observa com pertinência que, ao contrário dos irmãos, o Infante D. Henrique pouco ou nada deixou escrito: "...dificultando assim que ao certo se lhe conheça o pensamento e se determinem com segurança os motivos que o nortearam, os escopos que o moveram e até os ideais por que pautou seu agir." (Vitorino Nemésio, "Vida e Obra do Infante D. Henrique," *Obras Completas*, vol. IX, p. xii).

capaz de estabelecer laços afectivos para com membros do seu próprio sexo. Isto torna-se manifesto a partir do relato de La Sale quanto à reacção do Infante aquando da morte de um companheiro de armas na batalha de Ceuta já mencionada.

"E diremos das grandes mágoas, dos suspiros e das lágrimas que o bom senhor Dom Henrique, dia e noite, fez pela morte do seu bom servo, que tão carinhosamente e com todas as honras o educou e aconselhou.... Especialmente [falamos] do dito senhor Dom Henrique que apesar dos rogos de pai, de irmãos e quaisquer outros não cessou a sua grande dor. E quando vinham dar-lhe conforto, dizia ao rei e a todos: Ah! senhor! Ah! senhores meus irmãos, ah! vós todos, meus amigos, como poderia o coração humano não sentir sempre a dor da perda de alguém tão bom, tão leal, tão valoroso, por um amigo e servo tão verdadeiro como este era para comigo, que dia e noite me guiava.... E logo recomeçavam os seus prantos, as suas lástimas e a sua maravilhosa dor, em que esteve mergulhado muitos dias, que tal pesar nunca antes existira. E para mostrar quanto o amava e que tormentos sentia, tendo passado o ano de luto pela rainha sua mãe, desejou ainda trajar-se de negro por mais três meses, sem cuidar de barba ou cabelo."[57]

De facto, a sua tristeza aparentava ser tão excessiva que terá sido repreendido pela mãe do seu falecido amigo, que lhe terá dito: "Ah! senhor, mas o que tendes? Onde está a vossa virtude

---

56. *Mon. Henricina*, V, p. 202: "...qa, çerto he que comer, beber, dormyr, cantar, vyr, ver, ouuyr, *companhia de molheres, casar*, (itálico nosso)...trazem cansaço e perdymento...." Para além disto, a carta que escreveu a seu pai, relatando os eventos do matrimónio do seu irmão D. Duarte a D. Leonor de Aragão é reveladora pela forma como trata o episódio do desmaio de Leonor, com uma espécie de desdém divertido para com a fragilidade feminina. Ver a tradução da carta de Russell: Russell, 365-369.

real, a vossa dignidade e a vossa juventude, para desta forma pranteares e carpires como uma donzela? Não vos fica bem."[58]

Provas do seu interesse por jovens

Contudo, as ligações afectivas do Infante para com o sexo masculino não se limitavam a homens da sua idade ou mais velhos. Zurara, com alguma inocência, é altamente revelador a este respeito. Sem parecer compreender totalmente as implicações do que escreve, dá-nos conta repetidas vezes que virtualmente todas as capturas de escravos organizadas pelo Infante ao longo da costa de África eram levadas a cabo por rapazes novos, frequentemente adolescentes, muitos dos quais conviviam intimamente com o Infante desde a infância, e que quase sempre são descritos como tendo sido criados desde tenra idade na sua "câmara."[59] Ora "câmara" queria dizer originalmente o quarto

---

57. La Sale, pp. 29-30. "Et dirons des grans regrés, des souppirs et pleurs que le bon seigneur Don Henry, jour et nuit, faisoit pour la mort de son bon serviteur, que sy chierement en tous honneurs le avoit nourry et conseillié…. Especialment dudit seigneur Don Henry que à prieres de pere, de freres, ne de quelzconques aultres, son grant dueil ne cessoit. Et quant resconfforter on le venoit, au roy et à tous disoit: 'Ha! monsieur, ha! messieurs mes freres, ha! vous tous, mes amis, qui est le cuer humain que ne aroit tousjours mais dueil de avoir perdu ung sy bon, ung sy loyal, ung si preudomme, ung si vray ami e serviteur que cestui m'estoit, que jour et nuit me adreschoit….' Et lors recommenchoient ses pleurs, ses plains et son merveilleux dueil, oú il fut plusieurs jours, que tel pitié n'estoit. Et pour monstrer que il l'amoit, et que tenu en estoit, aprés l'an passé le dueil que de la royne sa mere il portoit, il vault trois mois, san faire barbe ne cheveulx, le noir porter." Devo profundos agradecimento ao Prof. Jonathan Beck (Universidade do Arizona) pelo seu apoio na tradução desta passagem para a língua inglesa.

58. La Sale, p. 32. Subsequentemente, o Infante D. Henrique criou uma fundação para pagar uma missa perpétua pela alma do seu falecido amigo.

de dormir[60] e poderá usar-se este sentido neste contexto. O termo, no entanto, também se pode referir, por interpretação extensiva, à área da casa que se dedicava principalmente à vida particular do Infante.[61] O rei D. Duarte, irmão do Infante D.

59. Por exemplo, Zurara: "...um Antão Gonçalves seu guarda-roupa, homem assaz de nova idade...." (p 65); "...Afonso Guterres, um outro moço da câmara...." (p. 66); "...Nuno Tristão, um cavaleiro mancebo assaz valente e ardido, que fora criado de moço pequeno na câmara do Infante...." (p. 72); "...Gomes Vinagre, moço de boa geração, criado na câmara do Infante...." (p. 75); "...um escudeiro, criado de moço pequeno na câmara do Infante...." (p. 97); "...Gonçalo de Sintra...era um escudeiro criado de moço pequeno em casa do Infante (creio que fora seu moço de estribeira)...." (p. 129); "...dous moços da câmara do Infante, um que se chamava Lopo Caldeira, e outro Lopo d'Alvelos, e um moço de estribeira que havia nome Jorge...." (p. 134); "...um moço da câmara do infante, que eu depois conheci nobre escudeiro...." (p. 245); "[a respeito de Nuno Tristão] aquele que de tão pequena idade se criara em sua câmara...." (p. 359); "...João Correia, e um Duarte d'Holanda, e Estevão d'Almeida, e Diogo Machado, homens fidalgos e mancebos, que o Infante criara em sua câmara...." (p. 361); "...um moço da câmara do Infante, que se chamava Airas Tinoco...." (p. 362); "...um nobre escudeiro, criado da câmara do infante de moço pequeno, o qual era um mancebo mui ardido...." (p. 369); "...quatro mancebos que foram criados na câmara do Infante...." (p. 372); "...um moço da câmara do Infante que se chamava João Gorizo...." (p. 376), etc., etc. Ivana Elbl, "Overseas Expansion, Nobility, and Social Mobility in the Age of Da Gama," *Portuguese Studies Review*, 6:2 (1997-98), pp. 55-56, menciona que "...o Infante D. Henrique utilizava tais viagens...para proporcionar...oportunidades aos jovens da sua residência de se distinguirem...Antão Gonçalves...tinha dezasseis anos de idade quando foi armado cavaleiro...tornando-se o 'escrivão da puridade' do Infante, uma proeza deveras notável." Que outros serviços poderia ter realizado para o Infante D. Henrique antes de tomar parte nas suas expedições africanas de capturas de escravos não chega a historiadora a referir.

Henrique, no seu Leal Conselheiro,[62]descreve a residência aristocrática como consistindo de cinco áreas principais: "Prymeira, salla, em que entram todollos do seu senhorio que omyzyados nom som, e assy os estrangeiros que a ella querem viir. Segunda, camara de paramento, ou ante-camara, em que custumam estar seus moradores e alguus outros notavees do reyno. Terceira, camara de dormyr, que os mayores e mais chegados de casa devem aver entrada. Quarta, trescamara, onde sse custumam vestir, que pera mais speciaaes pessoas pera ello perteecentes se devem propriar. Quinta, oratorio, em que os senhores soos alguas vezes cadadia he bem de sse apartarem pera rezar, leer per boos livros, e penssar em virtuosos cuidados."[63] É interessante notar que a entrada para o quarto mais isolado era protegida pelos menos resguardados, de forma que só era possível entrar no quarto de vestir passando pelo quarto de dormir e de lá para o oratório, o local mais privado de todos.[64] Qualquer que tenha sido o significado exacto do termo "câmara" utilizado por Zurara, é patente que estes jovens estavam em contacto extremamente próximo com o Infante desde uma idade muito tenra até este os enviar em expedições de captura de escravos.[65] Em suma, o Infante D. Henrique vivia no

---

60. António de Moraes Silva, *Diccionário da Língua Portuguesa* (Rio de Janeiro, 1890), I, p. 389.

61. Ver a discussão quanto a câmaras (câmara de dormir; trescâmara; câmara de paramento; antecâmara; etc.) na obra clássica de A. H. de Oliveira Marques, *A Sociedade Medieval Portuguesa* (Lisboa, 1964), pp. 87-88.

62. Dom Duarte, *Leal Conselheiro*, ed. J. Piel (Lisboa, 1942), p. 303.

63. Ver José Custódio Vieira da Silva, "O conhecimento do Paço Medieval através das reflexões de D. Duarte," *Revista de Ciências Históricas* (Porto, 1994): pp. 156-7.

64. Deve ter-se em conta que não é de todo impossível realizar actividades sexuais secretas em locais isolados de áreas quase-públicas de tribunais administrativos, como demonstraram os recentes escândalos que envolvem um presidente dos Estados Unidos.

que potencialmente constituía um paraíso pedófilo: uma residência inteiramente sob o seu controlo cheia de "moços da câmara" muito jovens, muitos dos quais terá criado, como testemunha a crónica, "de moço pequeno."[66] Embora não se deva, em nosso entender, chegar ao ponto de acusar o Infante directamente de pederastia, ainda assim pode duvidar-se de o Infante ter sido um chefe de escuteiros totalmente virtuoso, pelo menos do tipo tradicional. Pelo contrário, assemelha-se antes a um Fagin na versão cristã, náutico e rico, rodeado de sangue novo que tomava sob a sua protecção e que depois enviava para o mar, assim que os jovens chegavam à puberdade, para capturar escravos por ele depois vendidos, enquanto que paralelamente também procurava explorar a costa atlântica de África. De facto, a Crónica de Guiné está repleta de testemunhos deste facto, em quase todos os capítulos. Os pormenores da sua relação com estes rapazes antes de os enviar para as explorações são desconhecidos, com certeza, muito possivelmente devido à política de sigilo do Infante e à discrição embaraçada de Zurara.[67] Não obstante, é interessante notar que Sousa descreve o ambiente na sua residência ducal como se segue: "...[O Infante tinha-se] acostumado ao abandono de certas regras de excessivo decoro, usualmente característico de um importante senhor feudal, de abastada Casa, solteiro e sem filhos, habituado ao convívio alegre e espontâneo com seus criados. Era muito apegado a estes e largo era o número dos que com ele moravam."[68]

---

65. João Silva de Sousa, *A Casa Senhorial do Infante D. Henrique* (Lisboa, 1991), p. 315: "Com os moços da câmara, de ordinário criados em sua Casa, eis que surgem os seus familiares, comensais e colaços...."

66. Por exemplo: Zurara, p. 72: "...Nuno Tristão, um cavaleiro mancebo, assaz valente e ardido, que fora criado de moço pequeno na camara do Infante...." Ver também nota 59.

Gosto por vestuário sofisticado e elegante

Embora não possa ser conferido valor probatório ao que se sabe a respeito do seu gosto por vestuário elaborado e luxuoso, certamente que tal não será incompatível com a ideia de que poderá ter sido homossexual. Como Sousa relata, preocupava-se com a sua aparência exterior, que estava longe de ser modesta, bem como a dos seus servos próximos, a quem mandava fazer fardas refinadas mas vistosas.[69] Estas certamente incluiriam as calças justas, como as dos bailarinos de hoje em dia, tão características do vestuário masculino da época medieval tardia.[70] O Infante era muito dado à moda inglesa e francesa e insistia no luxo e elegância do vestuário do seu séquito. Predominavam as sedas e tecidos bordados, geralmente importados. Também é possível que em 1449 ele próprio tenha concebido os novos

67. Que os "moços da câmara" podiam estar em contacto íntimo com os seus "amos," por vezes até dormindo no mesmo quarto, é manifesto, por aquilo que se sabe de García de Resende e D. João II. Ver Anselmo Braamcamp Freira, "García de Resende" in *Crítica e História*, I, (Lisbon, 1910), 35-37. Deve ainda ter-se em mente que o uso de escravos africanos ("mouros") para satisfazer desejos homossexuais era suficientemente comum nos círculos da corte para ser celebrada em verso pelos poetas da época. Ver referências do *Cancioneiro da Biblioteca Nacional* em A. H. de Oliveira Marques, *A Sociedade Medieval Portuguesa* (Lisbon, 1964), 249, n. 64. Um deles refere-se especificamente a um "mouro pastorinho" como objecto de satisfação sexual. O Infante trazia assiduamente tais escravos ("mouros") de África, para venda e sem dúvida para tarefas domésticas na sua residência: ver Sousa, pp. 213-214.

68. Sousa, p. 466.

69. Russell, p. 25: "...o Infante gostava de organizar ocasiões para exibir fausto aparatoso, ele próprio apresentando vestuário dispendioso e assegurando que os seus servos usavam librés esplêndidas."

70. Ver discussão sobre vestuário medieval tardio com ilustrações em Oliveira Marques, *A Sociedade Medieval Portuguesa*, pp. 39-42.

hábitos destinados aos cavaleiros da Ordem de Cristo, por ele administrada, recorrendo a tecidos ricos e faustosos.[71]

6. QUE TIPO DE HOMOSSEXUAL PODERÁ TER SIDO?

Ora, como Cortesão dizia mais de uma vez, "resta um problema a esclarecer."[72] Face a tamanha quantidade de provas circunstanciais que sugerem que o Infante D. Henrique sentiria inclinações homossexuais, será útil determinar que tipo de homossexual poderá ter sido. Neste âmbito, propomos que nos viremos para a obra clássica de Wilhelm Reich sobre *Character Analysis* (Análise de Carácter), no qual este elabora descrições genéricas quanto aos vários tipos psicológicos.[73]

Perfil carcaterológico do Infante D. Henrique: uma abordagem freudiana

Tomando em consideração o comportamento e as características físicas do Infante D. Henrique que são conhecidos, é espantoso descobrir quão perfeitamente se ajusta ao que Reich denomina de "tipo fálico-narcisista." Reich descreve este tipo como mostrando-se "autoconfiante...arrogante...frequentemente impressionante nas suas atitudes...predominantemente um tipo atlético. Os traços faciais exibem geralmente linhas másculas duras e angulosas." Quanto às características psicológicas, Reich afirma: "na vida quotidiana, o carácter fálico-narcisista antecipa geralmente qualquer ataque iminente com um ataque seu...os tipos mais pronunciados tendem a alcançar posições de liderança na vida...a coragem agressiva é um dos

---

71. Sousa, p. 467.
72. Cortesão, p. 59.
73. Wilhelm Reich, *Character Analysis*, 3ª ed., tradução para língua inglesa de Vincent Carfagno (Nova Iorque, 1990), pp. 215-218.

traços mais proeminentes do seu carácter...[enquanto] as relações com as mulheres são perturbadas pela típica atitude de
depreciação para com o sexo feminino." Reich nota ainda que
este tipo demonstra "menos perfeição no que respeita a pormenores," bem como "...súbitas vacilações entre estados de espírito de autoconfiança máscula e estados de profunda depressão.
A capacidade de trabalho é da mesma forma igualmente pertur-
bada." Mais tarde: "Por conseguinte, verificamos uma tendência para a fellatio na forma sexualmente activa deste tipo de
carácter, para além de *uma atitude maternal para com homens
mais novos, no caso dos homens* [itálico nosso]..."[74]
   O Infante D. Henrique enquadra-se nesta descrição em virtualmente todos os aspectos. Os seus contemporâneos descre-
viam-no como sendo robusto e "muito atraente" de aparência,
de membros amplos e corpo musculado e "carnudo."[75] Psicologicamente, era sem dúvida um indivíduo de vistas largas e
esquemas audaciosos: energético, homem de acção, inclinado a

---

74.   Se um rapaz, por qualquer razão, se detém no estádio Fálico
      Narcisista do desenvolvimento psicossexual (3-5 anos de
      idade) e em resultado não chega a progredir para a fase
      seguinte da criação do Complexo de Édipo, o conflito triangu-
      lar característico desta última não chega a ter lugar e por con-
      seguinte nunca chega a ser resolvido. O resultado pode ser
      uma identificação fraca ou nula com o pai e a incapacidade
      para desenvolver uma orientação heterossexual madura. Ver,
      inter alia, Ben Bursten, "Some Narcissistic Personality Types,"
      International Journal of Psycho-Analysis (1973), 54, pp. 287-
      300. Também "A fixação no estádio fálico desenvolve
      um...carácter irreflectido, autoconfiante e narcisista—exces-
      sivamente vaidoso e orgulhoso. A incapacidade para resolver
      este conflito pode também levar a pessoa a sentir receio ou a
      ser incapaz de assumir uma relação amorosa; bem assim,
      Freud postulou que tal fixação pode constituir a origem primá-
      ria para a homossexualidade." Ver David B. Stevenson, Brown
      University, "Freud's Psychosexual Stages of Development,"
      http://65.107.211.206/science/freud/Psychosexual   Develop-
      ment.html.

ignorar tudo e todos os obstáculos para atingir os seus fins. O seu comportamento em Ceuta foi encarado na generalidade como corajoso, talvez até em excesso. Nas palavras de Russell:" Foi em Ceuta que o Infante, na sua primeira batalha, conquistou entre os seus pares uma reputação para a vida de um soldado excepcionalmente valoroso mas também impetuoso e imprudente, que mantinha a convicção arriscada que, pelo menos ao combater os infiéis, o brio e o fanatismo religioso eram mais importantes do que a estratégia cuidadosa e a táctica...."[76] Da sua vaidade narcisista e fome de fama existem provas amplas. Não apenas supervisionou, como já mencionado, a composição da narrativa laudatória de Zurara quanto às suas actividades, mas também dispôs no seu testamento uma forma de "garantir o seu [desejo de] renome póstumo" através de generosos legados à Igreja.[77] E de novo, tal como no protótipo de Reich, a atitude do Infante para com mulheres, como já vimos, era de uma censura que chegava à raia da depreciação. Também era encarado como procrastinador[78] e indiferente a pormenores, um traço pelo qual recebeu uma reprimenda pelo seu irmão D. Duarte.[79] Para além disto, tal como o protótipo de Reich, os estados de humor do Infante podiam vacilar entre a confiança suprema e a

75. Zurara, p. 21: "...foi homem de carnadura grossa e de largos e fortes membros." Também a descrição da testemunha ocular Antoine de La Sale, p. 28: "...ledit seigneur Don Henry, iij^e filz du roy, josne, de xviij á xx ans et de son aaige tresbel, de corps grant et puissant...."
76. Ver Russell, p. 50.
77. Russell, p. 351; ver também nota 36.
78. Zurara, p. 23: "...em algumas cousas vagaroso."
79. Zurara, p. xxxvii: "Que...nem ajaes as cousas por feitas antes que ho sejam, mas acabai-as perfeitamente...não como vosso coração, de huma parte, com desejo de muito fazer. Quer ingolir antes que bem mastigue, e d'outra se faz isto por huma sotil parte de ociosidade, por que a vontade e entender com pratica hão por maior trabalho huma cousa perfeitamente acabar, que muitas englodadamente cuidar que acaba, em as quaes o mais fica por fazer...."

profunda depressão, tal como a que sofreu pouco tempo depois
do fiasco desastroso da conquista de Tânger. De acordo com
Russell, "Fazendo uso do pretexto dúbio de que deveria perma-
necer em Marrocos para tomar providências quanto à libertação
de D. Fernando (o irmão mais novo dado como refém aos mouros
como garantia da submissão portuguesa com os termos do tratado acordado entre o Infante D. Henrique e o líder muçul-
mano), o Infante recolheu ao leito aquando da sua chegada a
Ceuta e lá permaneceu algumas semanas, fazendo constar que
se sentia esgotado pelos esforços despendidos na Cruzada.... O
Infante isolou-se em Ceuta durante alguns meses...é manifesto
pelo seu comportamento que...passou por...uma séria crise
espiritual durante a qual talvez tenha sucumbido a um daqueles
períodos de apatia quanto às questões mundanas que, segundo
as alusões de Zurara, sobrevinham por vezes a este homem normalmente hiperactivo e aparentemente autoconfiante."[80] O
Infante também revela claramente a atitude protectora e maternal mencionada por Reich para com os vários adolescentes a
quem "criara na sua câmara," e que depois enviava como
exploradores e recrutadores de escravos ao longo da costa afri-
cana, antes de os recompensar com posições de destaque na sua
residência.[81]

A empresa henriquina e seu significado inconsciente

O nosso conhecimento analítico quanto ao carácter do
Infante, todavia, não tem de se limitar à tipologia de Wilhelm
Reich, na medida em que existem outros indícios das suas pro-
pensões sexuais, relativamente aos quais o Infante certamente
não tinha consciência, e que podem ser descobertos se recorrer-
mos a uma abordagem freudiana. De facto, não obstante toda a
energia que o Infante D. Henrique possa ter despendido para
encobrir a verdadeira natureza da sua sexualidade, não podia

---

80.   Russell, p. 185.
81.   Ver nota 59.

fazer ideia, estando as ideias de Freud ainda muito longínquas
no futuro, de quão reveladoras poderiam vir a tornar-se algumas
das suas opções inconscientes. De entre todas as fontes de
informação, a primordial é a sua empresa (emblema ou distin-
tivo), algo escolhido pelo próprio e encarado no período medieval tardio como símbolo do seu carácter íntimo. Destinada a
servir como a manifestção visível da sua natureza essencial,
também pode ser analisada no sentido de revelar aspectos
inconscientes da personalidade do sujeito.[82]
No caso do Infante D. Henrique, a empresa por ele esco-
lhida para o simbolizar consistia de duas "pirâmides"—estranhamente estreitas e alongadas—sobrepostas sobre dois
círculos concêntricos pintados de negro e azul escuro (o que
não deixa de ter alguma graça). O conjunto é rodeado de uma
coroa de ramos espinhosos[83] e entrelaçados de carrasqueira,[84]
carregados de bolotas (ver ilustração). Para começar a aprofundar o simbolismo inconsciente de tudo isto, será necessário primeiro relembrar o uso legendário da bolota como símbolo do
glans penis,[85] o que, por sua vez, sugere que a coroa de ramos
representa provavelmente a área púbica. Por sua vez, isto pro-
porciona-nos as pistas necessárias para compreender as "pirâ-

82. O que traz à mente a forma como os irmãos Cortesão consulta-
vam mapas antigos para recolher informações sobre viagens
secretas.

83. Ver ilustração na contracapa. Os ramos espinhosos são também sugestivos da personalidade irritadiça tão frequentemente
encontrada nos tipos fálico-nascisistas (Reich, p. 217). O
retrato supostamente do Infante cercado pela sua empresa, frequentemente reproduzido, é originário da *Crónica dos Feitos de
Guiné* (Paris, *Bibliothèque Nationale*, Inv. Ms. 73391; Portugueses No. 42; Suplemento Francês No. 236).

84. Virgínia Rau, "Les emblèms et l'histoire des techniques au
Portugal au cours des Xve et XVIe siècles," *Melganges en
l'Honneur de Fernand Braudel* (Paris, 1973): pp. 487-496, dá-
lhe o nome de carvalho, embora Oliveira Marques o identifi-
que com a carrasqueira, um arbusto da família do carvalho
(Marques, p. 259).

mides" e os círculos. No contexto sexual da bolota (pénis), as "pirâmides" podem muito logicamente ser vistas como um par de falos erectos contra um fundo de orifícios corporais, embora seja incerto se estes representam aberturas anais ou orais; poderá tratar-se de qualquer uma das duas hipóteses ou ambas.[86] Em qualquer caso, o simbolismo inconsciente do conjunto carrega uma implicação inequívoca de penetração sexual, incluindo a prática de fellatio, a qual segundo Reich será típica deste tipo de carácter. A divisa do Infante, talent de bien fere, [zelo na realização de coisas admiráveis ou mais coloquialmente "determinação para fazer bem"][87] está inscrita sobre as pirâmides. Por conseguinte, uma leitura freudiana da empresa do Infante apresenta-o como detentor de uma personalidade agressiva e ambiciosa com uma fixação inconsciente nos genitais masculinos e na relação sexual oral ou anal; em suma, a encarnação perfeita do homossexual extrovertido e fálico-narcisista de Reich.

---

85. De facto, o termo latino para bolota é glans; a semelhança entre uma bolota e a cabeça do pénis era bem conhecida na antiguidade.

86. Gustave Flaubert, *Bouvard et Pécuchet*, chap. IV: "Anciennement, les tours, les pyramids, les cierges, les bornes de routes, et même des arbes avaient la signification de phallus...." Uma "pirâmide" e um círculo podem ser lidos como heterossexualidade, mas a presença das duas "pirâmides" tornam inequívoco o significado homossexual da empresa. Existe uma discussão extensa desta empresa em *O Rosto do Infante* (Tomar, 1994), pp. 20-23, em que as pirâmides são descritas como "enguias." É interessante que nesta obra a legenda verbal seja designado como "empresa" e os símbolos como "divisa," enquanto que Oliveira Marques deixa clara a distinção entre a imagem, a que chama de "empresa," e as palavras sobrepostas (a divisa). A. H. de Oliveira Marques, *Portugal na Crise dos Séculos XIV e XV* (Lisbon, 1987), p. 259.

87. Rau, pp. 487-496, ao citar Oliveira Martins, apreendeu um sentido errado da expressão, traduzindo-a como "desejo para agir com justiça."

7. REMODELAÇÃO E REABILITAÇÃO DE UM ÍCONE

O Infante D. Henrique como ícone nacional português

Tal como, há anos atrás, Salazar utilizou a imagem do Infante D. Henrique como o pioneiro casto e virginal do império,[88] para servir como uma espécie de "autenticador" histórico para a sua própria pessoa, sugerimos agora que as organizações de homossexuais de Portugal aproveitem a figura do Infante, a rainha do armário,[89] como autenticador para as suas comunidades. Na verdade, que maior caminho para a total inserção e aceitação poderia este grupo encontrar do que ter a possibilidade de reivindicar o mais famoso de entre os filhos de Portugal como um dos seus? Em lugar de a sua imagem revelar um homossexual marginalizado, poderá antes aquela ser renovada, remodelada e repolida para servir novos valores e novos propósitos icónicos: o homossexual mais famoso e provavelmente mais notável de Portugal.

---

88. Não só Salazar era solteiro, tal como o Infante D. Henrique, e supostamente casto e sem filhos, mas também, tal como o Infante, tinha a reputação de se ter abstido aos poucos do álcool. Isto levou o grande poeta português, Fernando Pessoa, a escrever uma das suas mais divertidas rimas a respeito de Salazar: "Que o coitadinho/Do tiraninho/Não bebe vinho,/Nem até/Café." (*Páginas de Pensamento Político-2; 1925-1935* (Lisboa, 1986), p. 84). Duarte Pacheco é a testemunha da abstinência do Infante perante o vinho (Pereira, p. 77): "...nunca conheceu mulher nem bebeu vinho..." embora o testemunho de Pereira advenha quase meio século depois do falecimento do Infante.

89. Deve notar-se que apesar de não ter conseguido realizar a sua ambição de se tornar rei de Castela ou de Granada (Russell, pp. 147-148), o Infante D. Henrique conseguiu adquirir, em toda a probabilidade, o estatuto de "rainha do armário," embora tal fosse conhecido apenas por si próprio e por alguns dos seus companheiros mais chegados.

8. CONCLUSÃO

O nosso estudo, assim sendo, dedicou-se a dois objectos. O primeiro consistiu em evidenciar como o brilhante e inovador conceito de sigilo de Cortesão enquanto método histórico pode ser alargado e ampliado a campos muito além dos que terá usado para servir os seus interesses particulares; e o segundo, para demonstrar como, ao fazê-lo, se torna possível descobrir provas importantes anteriormente ocultas aos historiadores, por inadvertência ou mais provavelmente por terem sido intencionalmente encobertas. A maior parte destas provas teve de ser elaborada indirectamente, seguindo o modelo do notável trabalho de detective de Jaime Cortesão quanto às descobertas geográficas do Infante D. Henrique. Porém, ampliamos o âmbito deste método, incluindo provas psico-analíticas e de outro cariz, mostrando de seguida que, pela aplicação da sua técnica (a política de sigilo) a uma questão histórica distinta, se torna possível divisar o carácter e personalidade ocultos de uma figura icónica e até agora enigmática da história mundial, o Infante de Sagres.

Embora não tenhamos conseguido, confessadamente, surpreender o Infante D. Henrique num documento que claramente tratasse de um acto de sexo homossexual, muito provavelmente pelas razões explicadas pela "política de sigilo" de Jaime Cortesão, ainda assim as provas circunstanciais e psico-analíticas que existem apontam numa direcção apenas—para a conclusão de que se o Infante possuía algum tipo de líbido ou sexualidade (e é impossível acreditar que isto não acontecia) terá sido de uma natureza homo-erótica.

Em conclusão, citemos o Mestre: "A história secreta é, por definição, a mais difícil de estudar e esclarecer. É também a mais tentadora, aquela que está pedindo uma mentalidade renovada, que faça tábua rasa dos cronistas oficiais—escribas submissos a interesses cerradamente nacionalistas do Estado ou à glória pessoa dos amos[90]—e que não tema a fria e desdenhosa prudência dos que se furtam a todos os riscos até os de imaginar e verificar audaciosas hipóteses de trabalho."[91] E mais tarde, "Quando uma história abstrai pura e simplesmente desta espécie de problemas deixa de corresponder às mais elevadas exigências duma ciência do homem."[92]

O artigo acima apresentado tentou precisamente confrontar-se com os riscos a que Cortesão se referia, dando portanto resposta "aos requisitos mais elevados de uma ciência humana" ao "conjecturar e verificar," tanto quanto possível, uma "hipótese de trabalho audaciosa": que o Infante D. Henrique, O Navegador, era quase com toda a certeza—mas em segredo—um homossexual.

---

90. A aplicabilidade desta passagem a Zurara é inquestionável.
91. Cortesão, p. 122.
92. Cortesão, p. 74.

Um Pedófilo no Palácio
ou
O Abuso Sexual de El-Rei Dom Sebastião
de Portugal (1554-1578)
e as suas Consequências

Um Pedófilo no Palácio

ou

O Abuso Sexual de El-Rei Dom Sebastião de Portugal (1554-1578) e as suas Consequências

"Llorò el pueblo Lusitano para tenerle, y llorò porque le tuvo—"
—Manuel Faria y Sousa, *Epitome de las Historias Portuguesas*

A independência de Portugal encontrava-se na incerteza nas primeiras semanas de Janeiro 1554. O Rei vigente, João III (r. 1521-1557), havia perfilhado nada mais nada menos que nove filhos—seis dos quais homens—mas à data de 1554, todos à excepção do príncipe, também João de nome, tinham falecido.[93] Este único sobrevivente herdeiro do rei gravemente doente, havia casado dois anos antes, em 1552, quando tinha 15 anos, com a irmã de Filipe II de Espanha, Dona Juana de Áustria, dois anos mais velha que o príncipe. Os dois jovens logo descobriram uma grande atracção sexual um pelo outro e, em finais de Abril de 1553, Dona Juana ficou grávida.[94] Contudo, em finais desse mesmo ano, o próprio Infante D. João ficou gravemente doente com diabetes juvenil, vindo a falecer pouco tempo depois, a 2 de Janeiro de 1554. Assim, o único herdeiro de D. João III, rei de Portugal, que padecia de uma doença fatal, estaria ainda no ventre da sua nora, Dona Juana, recentemente viúva. A independência, ou a entrega de Portugal ao controlo dos detestados vizinhos Castelhanos, dependia agora de Dona Juana dar à luz uma criança saudável.[95] Por isso, é compreensível que o povo português estivesse atento e se preocupasse com a sua gravidez:

"...com a uontade de Deus na morte de tantos filhos, casou o principe unico herdeiro do reino...em idade de 16 [sic] años com a princesa dona Juana filha do glorioso Emperador Carlos quinto.... Mas ordenou sua diuina Maiestade que huã doença que emfim foi mortal [juvenile diabetes]...leuasse a este principe ficando a esperança da successão dos [sic] reino colgada de hun delgado fio grande preuenção ouue para que a uiuua princesa ignorase a morte

93. Agradeço ao Professor Francis Dutra da Universidade de Califórnia, em Santa Barbara, pela sua disponibilidade para ler um primeiro esboço deste trabalho e pelas sugestões que me deu para o melhorar, tanto como ao Senhor Professor Doutor Joaquim Romero Magalhães pelas suas observações (veja o Apéndice). É escusado dizer que, quaisquer inexactidões que possam ser encontradas são da minha inteira responsabilidade. No que diz respeito ao reinado de D. João III, ver o condensado mas actualizado resumo de Paulo Drumond Braga, *D. João III* (Lisboa, 2002), que infelizmente foi publicado sem índice e sem tabelas genealógicas.

94. Diz-se que D. João era tão tenaz nas atenções que dava a sua esposa que os seus médicos finalmente acharam que seria essa a causa da sua doença e que os dois deveriam ser separados: "...demasiada comunicação, e amor, com que se havia com a Princeza." D. Manuel de Meneses, *Chronica do muito alto, e muito esclarecido Principe D. Sebastião* (Lisboa, 1730), I, capítulo VI. Assim, em Novembro de 1553 os recém-casados foram separados e Dona Juana foi viver nos aposentos da sua tia e sogra, a Rainha Dona Catarina. (Ver tabela genealógica).

95. Ver nota 117.

de seu principe o que pela conformidade que em tudo auia amaua com estranho affeito."

Seguiu-se "...a hora temida e deseiada das dores antecendentes ao parto pouco despois da meia noite tempo contado ia pela igreja Romana do dia 20 de Janeiro do Ano 1554 em que celebra a festa do glorioso S. Sebastião..." e conforme se espalhou a notícia pela cidade "...naquella noite se ordenou huã deuota procissão das religiões e cleresia da igreja catedral de Lisboa a S. domingos leuado o braço do glorioso santo que fora trazido a este reyno do saco de Roma."

Entretanto "...com desarcordada paxão sahião fora de suas casas sem exceição de estado, de edade, de qualidades e por esse altares sagrados fazião larguissimo sacrificio a Deus de continuas lagrimas pelo unico remedio desta coroa. Enchiasse o terreiro de paço colgados os olhos das uarandas e ia nellas sem mudança fixos nella com suspensão dos animos e uasto silencio quando ainda de noite aparecerão por aquellas ianellas e uarandas fidalgos e Senhoras que com uozes mal pronunciadas com a excessiua alegria anunciauão o ditoso que antão pareceo parto da princesa com o principe de Portugal que abrio os olhos neste ualle de miseria para seu reyno as 4 horas e quarenta e dos minutos daquelle dia emcheo logo a cidade e seus termos e breuemente todo o reyno por cartas gerais e particulares. Chegou a noua à procissã que...romperão aqueles com Te Deum Laudamus."[96]

Como agradecimento por ter nascido saudável, deram o nome de Sebastião ao jovem príncipe, em honra do santo padroeiro do dia em que veio ao mundo.[97]

---

96. Luciano Ribeiro, "Colectânea de documentos acerca de D. Sebastião," *Stúdia*, V (1960), pp. 168-169. Apesar do documento citado dizer que nasceu às 4:42 da manhã, nasceu sem dúvida às 8:15 da manhã. Ver nota 97.

Pouco tempo após o seu nascimento, um médico castelhano que assistia sua mãe, Dr. Fernão (Fernando ou Fernán) Abarca Maldonado, traçou o mapa astrológico da criança. Baseando-se rigidamente, quase que servilmente, no *Tetrabiblos*[98] de Ptolomeu, e utilizando a hora, data e local de nascimento como coordenadas, traçou o horóscopo do pequeno príncipe por forma a dar conhecimento à corte sobre qual o futuro que o esperava.[99] Algumas das previsões de Maldonado vieram a concretizar-se, enquanto outras não (tal como a de que D. Sebastião seria moreno e de cabelo e olhos escuros). Na verdade, atirando uma moeda ao ar ou baseando-se no acaso o resultado teria sido o mesmo. Das previsões menos fortuitas do médico destacam-se também aquelas que diziam respeito à vida sexual de D. Sebastião, ou seja, aos seus relacionamentos com as mulheres e ao seu futuro casamento. Segue-se o que Maldonado disse encontrar depois de analisar o horóscopo de D. Sebastião:

"...digo que este nacido sera muito dado a seus prazeres como a molheres.... A lluã em aquarta parte oriental diz que

---

97.   Manuel J. Gandra, *Joaquim de Fiore, Joaquimismo e Esperança Sebástica* (Lisboa: Fundação Lusíada, 1999), p. 86, comentando um rudimentar mapa astrológico para D. Sebastião, encontrado em *Relação das coisas que sucederam no tempo de el-Rei D. Sebastião* (1602?) de João Baptista Lavanha, diz que nasceu às 7:18 da manhã. Isso está claramente errado; não só contradiz o testemunho de Francisco de Andrada, *Chrónica de D. João III*, ed. M. Lopes de Almeida (Porto, 1976), p. 1192, como também a segura informação do horóscopo de Maldonado, que provavelmente foi traçado logo após o seu nascimento.

98.   Este era o manual astrológico escrito por Claudius Ptolomeu, o astrónomo-geógrafo alexandrino do século II A.D. que Maldonado utilizou como base para comentar o horóscopo de D. Sebastião. Ver Ptolemy, *Tetrabiblos*, ed. e trans. por F. E. Robbins (Cambridge: Harvard University Press, 1998), *passim*. É provável que Maldonado tenha usado uma tradução de Ptolomeu em Latim e não o original em Grego.

Genealogical Table

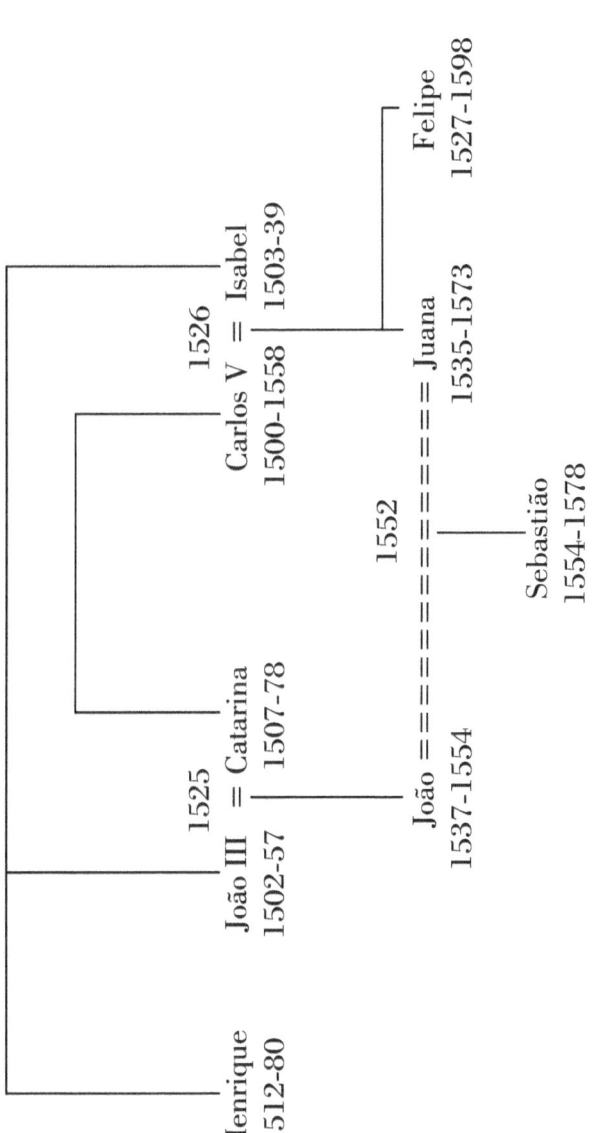

Henrique
1512-80

João III = Catarina
1502-57   1525   1507-78

Carlos V = Isabel
1500-1558   1526   1503-39

Felipe
1527-1598

João === === === === === === Juana
1537-1554   1552   1535-1573

Sebastião
1554-1578

elle sera casado em sua mocidade i sera sua molher boa i
honesta que he significada por jupiter em a septima casa....
Aimda que venus no signo de capricornio lha daa inclinacaõ
gramde nas cousas uenereas. Aimda que esto sera com ligi-
timo matrimonio. o tempo do qual se achara pelas dirreiçõens
i as emcerra uenus i na omezena casa promete filhos o questa
firmado pola cabeça do dragão de jupiter i de mars em a
quinta casa i serao estes filhos nobres fermosos i bem fortu-
nados."[100]

Em suma, o jovem rei iria demonstrar um grande interesse
pelo sexo oposto e casaria ainda cedo com uma "boa" mulher de
quem teria muitos filhos. Esta bem-vinda previsão parecia
garantir o futuro de Portugal como reino independente. Infelizmente todas essas previsões do horóscopo de Maldonado revelaram-se completamente erradas. Na realidade, D. Sebastião foi
um grande desapontamento para um povo que depositava a sua
esperança num casamento que restabelecesse a linhagem real,
protegendo assim a independência do país. D. Sebastião era não
só, sem sombra de dúvida, misógino, como conseguia hábil e
determinadamente esquivar-se de qualquer potencial aliança
matrimonial que fosse acordada. É claro que o resultado terá
sido um rei sem descendentes, o que acabou por levar a casa

---

99. A previsão do futuro de alguém através de um horóscopo era,
    tecnicamente, uma violação da lei da igreja, já que infringia a
    livre vontade e usurpava o poder exclusivo de Deus em ver e
    saber sobre o futuro; no entanto, esta prática era bastante
    comum. Ver a bula "Terrae et Coeli Creator" (1586) do Papa
    Sixtus V que proscreve essa prática em *Bullarium Privilegio-
    rum ac Diplomatum romanorum Pontificum Amplissima Col-
    lectio, IV:4, ab anno X GREGORII XIII usque ad annum III.
    SIXTI V, scilicet ab anno 1581 ad 1588* (Roma, 1747), pp.
    176-179. Há uma tradução portuguesa da bula em *Camponeses
    e Colonizadores* de Harold Johnson (Lisboa, 2002), pp. 163-
    166.
100. Johnson, *Camponeses*, pp. 156-157.

real portuguesa ao fim aquando da sua morte vinte e quatro anos mais tarde, na infortunada batalha de Alcácer Quibir.

Consequentemente, os historiadores portugueses não têm demonstrado qualquer simpatia, sendo até ríspidos nos seus julgamentos sobre D. Sebastião. Mesmo assim, são poucos, os que se revelaram tão excessivos como o habitualmente sereno polímata, António Sérgio. Eis a descrição mordaz de D. Sebastião e seu reinado por António Sérgio:

"Não é propriamente a imprudência o que deploramos em D. Sebastião, mas a estupidez, o desvairamento, a tontaria, a explosividade mórbida, a ferocidade inútil, a pataratice constante desse impulsivo degenerado, que era de todo destituído das qualidades de comando absolutamente indispensável para a execução do que ambicionava. Se um acaso, por exemplo, lhe desse a vitória em Alcácer Quibir, logo outras asneiras o haveriam perdido, porque o dom da asneiro em jacto contínuo era nesse jovem uma propriedade congénita."[101]

Assim, foi o jovem Sebastião catalogado como estúpido, "desvairado," tonto e impulsivo, em suma, um "degenerado." Numa outra apreciação, Sérgio foi ainda mais directo, chamando D. Sebastião "esse inexcedível pedaço de asno."[102] Apesar de não irem tão longe quanto Sérgio, poucos têm sido os historiadores portugueses em defesa de D. Sebastião. De uma forma geral, não é visto de forma positiva por aqueles que contam as histórias do seu reinado.

Este facto pode ser depreendido através de uma análise das várias descrições feitas sobre D. Sebastião e que podem ser encontradas em algumas das maiores e mais recentes histórias gerais de Portugal.[103] Escolhemos as quatro mais representativas: as de Joaquim Veríssimo Serrão (1978); de Francisco de

---

101. António Sérgio, *Breve Interpretação da História de Portugal*, 13ª ed. (Lisboa, 1989), p. 104.
102. António Sérgio, *Ensaios*, I (Lisboa, 1971), p. 241.

Sales Loureiro (1983); de Joaquim Romero Magalhães (1993),
e de João Alves Dias, escritas em colaboração com Isabel e
Paulo Drumond Braga (1998). J. V. Serrão diz que, apesar de tudo o que tem sido escrito
sobre D. Sebastião e o seu reinado, ainda há tópicos a serem
discutidos, principalmente no que diz respeito à sua importância como símbolo da perda da independência portuguesa. J. V.
Serrão prossegue sendo da opinião que, para se poder efectuar
um estudo definitivo está ainda em falta a indispensável ferra-
menta mental que deveria incluir uma compreensão dos impul-
sos e motivações pessoais do jovem rei. Serrão conclui que:
"Cremos que a história sebástica, a erguer um dia, terá de ser
mais psicológica que documental." Chama também a atenção
para o facto da correspondência de D. Sebastião o revelar como
"confuso, com repetição da matéria narrativa e quase nunca
respondendo às questões postas," e fala também da sua "frieza
afectiva que explica a relutância pelo casamento"—se a sua
"estranha doença" não explica já isso. Em suma, segundo Serrão, D. Sebastião nunca casou devido à sua "saúde precária,
perturbações de ordem fisiológica e a falta de vocação para o
matrimónio." Acha também que a doença de D. Sebastião con-
tribuiu para a sua "personalidade não equilibrada—falta de
bom senso, tendência impulsiva, fraco poder de reflexão, [e]
capricho em se ver obedecido." Note-se que, enquanto Serrão
acredita obviamente que a doença de D. Sebastião é a causa da
maioria das "excentricidades" da sua personalidade e problemas do seu reinado, nunca se atreve a dizer que doença poderia
ser essa, limitando-se a chamá-la algo "estranho," não dando
qualquer evidência de onde poderia advir. [104]

---

103. Por outro lado, uma recente biografia escrita pelo historiador
     espanhol António Villacorta Baños-García, *Don Sebastián, rey
     de Portugal* (Barcelona, 2001), é bastante melhor, apesar de
     ainda incapaz de dar uma clara indicação do que era a sua
     'rara enfermedad' (p. 88) ou de como a contraiu.
104. Joaquim Veríssimo Serrão, *História de Portugal*, III (Lisboa,
     1978), p. 68-70.

Uns cinco anos mais tarde, em 1983, Francisco de Sales de Mascarenhas Loureiro, já conhecido pelo seu trabalho anterior sobre D. Sebastião, tentou fazer uma pesquisa geral do reinado para a obra histórica de vários volumes editado por José Hermano Saraiva.[105] Explica que, muitas das acções de D. Sebastião resultam daquilo que ele define como "alterações psicológicas" derivadas de ter nascido depois da morte do pai e de a mãe o ter deixado aos cuidados de uma avó e de um tio-avô, quando tinha apenas três meses de idade. No que diz respeito ao facto de D. Sebastião não ter casado, reconhece que uma "certa historigraphia" culpa Luís Gonçalves da Câmara (o preceptor/confessor de D. Sebastião) como o "autor moral [sic]" da misoginia ou misogamia de D. Sebastião. No entanto, esta ideia é, segundo ele, refutada pela descrição que faz da sua vida o padre Amador Rebelo. Loureiro considera que não foram os irmãos Câmara ou os Jesuítas que impediram D. Sebastião de casar, mas sim o seu tio Filipe II. Na verdade, Loureiro nunca consegue aceitar a questão da doença de D. Sebastião, nem como a contraiu, nem muito sobre a sua personalidade, que não seria de forma alguma o modelo de normalidade sugerido pela descrição de Loureiro.[106]

Dez anos mais tarde, em 1993, outro especialista do século XVI, Joaquim Romero Magalhães, voltou a sua atenção para D. Sebastião no capítulo que escreveu para a obra de oito volumes editado por José Mattoso. Aqui, os defeitos do carácter de D. Sebastião são atribuídos ao facto de, desde a sua infância, ter sido inundado com referências ao seu milagroso e há muito desejado nascimento. Magalhães acha que, por isso, D. Sebastião sentia-se imune aos acidentes do acaso e não estava disposto a aceitar o papel de um rei administrativo e burocrático. Magalhães acrescenta também que, na sua opinião, a sua "ascendência quase incestuosa" provavelmente produziu

---

105. Francisco de Sales Loureiro, "D. Sebastião e Alcácer Quibir," em *História de Portugal*, dir., José Hermano Saraiva (Lisboa: Alfa, 1983), IV, pp. 134-138.

alguns "defeitos genéticos." Sem pai ou mãe presentes, e edu-
cado pelos avós complacentes, sem que fosse muito controlado,
os seus professores jesuítas transformaram-no num fanático
religioso e num cruzado anti-muçulmano muito depois das cru-
zadas. Magalhães nunca refere a ausência de qualquer vida
sexual de D. Sebastião, nem a sua doença física, para além de
uma casual referência de que evitou casar-se devido a "doença
ou misoginia." É só o que diz a esse respeito—ou seja, muito
pouco. Mas, como o facto de o rei não se casar ou ter filhos era
realmente crucial tanto para o seu reinado como para o futuro
de Portugal, é realmente estranha a forma como o autor recusa
complacentemente estas questões e demonstra o desdém que a
historiografia portuguesa tem em "espreitar debaixo do tapete"
para melhor encontrar a verdade.[107]

Cinco anos após as referências de Magalhães, surgiu um
novo relato sobre D. Sebastião e o seu reinado na *Nova História
de Portugal*, editada por Joel Serrão e A. H. de Oliveira Marques, escrita conjuntamente por três historiadores.[108] Este
resumo sobre D. Sebastião e o seu reinado atribui o seu "trato

106. Na corte, Rebelo era um grande aliado dos irmãos Câmara e
esforçava-se para que os irmãos fossem vistos muito favoravel-
mente. Ver Francisco Sales Loureiro, *O Padre Luís Gonçalves
da Câmara e D. Sebastião* (Coimbra, 1973), p. 22, em que o
autor expressa o seu espanto por "até haver quem que não
hesite em afirmar que o Monarca sofria de uma doença sexual
provocada por uma experiência precoce!" Depois tenta atribuir pouca importância a isso com o comentário "o que quer
que isso seja" e mais tarde refere-se ao "espírito muito casto"
do "nosso soberano," dando a entender que D. Sebastião não
tinha qualquer infecção, era apenas assexual. Mas noutra ocasião refere-se ao desespero de Filipe II em encontrar um
esposo para Isabel Clara Eugénia "sem a doença de natureza
sexual que o nosso Rei revelava." Ou seja, Loureiro deixa todo
o assunto confuso e em dúvida.

107. Joaquim Romero Magalhães, "D. Sebastião," em *História de
Portugal*, dir. José Mattoso (Lisboa: Círculo de Leitores,
1993), III, pp. 540-546.

difícil" a um "certo desequilíbrio psicológico" e "deficiências educativas" assim como a resultados genéticos de repetidos casamentos dentro da família, mas iliba-o de ser epiléptico ou diabético. Ainda assim, relativamente às secreções do pénis, estas eram minimizadas mantendo que eram simplesmente *espermatorreia* e nada mais.[109]

É óbvio que todos estes relatos, escritos ao longo de um período de vinte anos (de 1978 a 1998), claramente "usando de rodeios," nunca conseguiram lidar com as questões fundamentais, apesar do facto de estas terem ficado bastante claras no capítulo escrito por Queirós Veloso há mais de setenta anos (em 1933), para a *História de Portugal* (Barcelos).[110] Aliás, pode mesmo dizer-se que a maior parte do trabalho efectuado sobre D. Sebastião ao longo dos setenta anos decorridos desde 1933 simplesmente retrocedeu nos conhecimentos que Veloso havia alcançado acerca da criança e do seu reinado; houve um retrocesso até certo ponto numa aparente tentativa de, de alguma

---

108. J. J. Alves Dias, *Portugal do Renascimento à Crise Dinástica* (Lisboa, 1998), pp. 741-752.

109. Esta despreocupada recusa dos seus sintomas (com base nas erróneas ideias de Mário Saraiva) já foi refutada por Johnson, no estudo efectuado sobre o horóscopo de D. Sebastião: Johnson, *Camponeses*, p. 161. Para além dos argumentos aí apresentados, note-se que na década de 1630 os jovens portugueses julgavam ser demasiado novos para produzirem sémen aos doze anos de idade (David Higgs, "Lisbon" em David Higgs, *Queer Sites: Gay urban histories since 1600* [Londres, 1999], p. 117). Se não se produzia sémen aos doze anos no século XVII, quase de certeza que o mesmo se passaria no século XVI. Daí que os "fluxos" que D. Sebastião teve aos 10 anos eram, sem dúvida alguma, devido a uma doença sexualmente transmissível e não a uma nocturna secreção normal de sémen ou *espermatorreia*. Mesmo hoje, em que de modo geral a saúde é melhor e o desenvolvimento sexual dá-se mais cedo, a produção de sémen normalmente começa entre os doze anos e meio e os catorze: *Merck Manual of Medical Information* (Whitehouse Station, NJ, 1997), p. 1255.

forma, "embelezar" os factos para que tivessem "melhor aspecto," escondendo a verdade em vez de a descobrir até ao fim. Apesar de não fazer qualquer tentativa para determinar qual a causa exacta da doença de D. Sebastião, o capítulo de Veloso é mais do que suficientemente explícito relativamente ao tipo de doença de que se tratava, para que, até uma pessoa com mínimos conhecimentos conseguisse perceber que se tratava de uma doença sexualmente transmissível, quase de certeza gonorreia ou clamídia, possivelmente ambas. Com base na biografia de Cristobal de Moura,[111] de enorme riqueza informativa, e na

110. J. M. de Queiroz Veloso, "História Política," em *História de Portugal*, dir. Damião Peres, (Barcelos, 1933) V, pp. 53-59. O capítulo de Veloso foca muito bem o âmago da questão, ao ponto de refutar a ideia de que os "fluxos seminais" de D. Sebastião eram simplesmente "sonhos húmidos" com o comentário de que, se fossem, ele teria sido maravilhosamente "precoce" ao tê-los com dez anos. De facto, ele aceita que D. Sebastião provavelmente teria uma doença sexualmente transmissível, mas afirma que deve ter sido contraída "indirectamente" já que "tudo o que sabemos sobre a sua vida argumenta contra o contágio directo." Põe depois o assunto de parte dizendo que "não é aqui que pertence" a "classificação e estudo" da doença. Conforme discutido anteriormente, após Veloso, quase tudo o que foi escrito sobre este assunto não passam de "retrocessos" numa tentativa de encobrir os erros ou de "embelezar" a desagradável verdade. Não está bem claro se o capítulo de Veloso beneficiou com o facto de que em 1932-1933 o regime de Salazar não estava firmemente estabelecido e o ambiente de repressão intelectual dos quarenta anos seguintes ainda não estava firmemente consolidada. É certo que, após 1933, em Portugal, era provavelmente impensável dizer que D. Sebastião sofria de uma doença sexualmente transmissível ou, (ainda mais impensável) que foi vítima de abuso sexual por parte de um padre jesuíta. No entanto, hoje (2003), e principalmente depois das revelações de que há décadas que se têm verificado práticas de abuso sexual pedófilas aos meninos do orfanato *Casa Pia* em Lisboa, poderá haver mais abertura na possibilidade de exploração desses pensamentos "impensáveis" em Portugal.

imensa correspondência dos agentes castelhanos na corte portuguesa nas quais o livro se baseia, Veloso descreve pormenorizadamente o percurso da enfermidade de D. Sebastião. Surgiu pela primeira vez quando o Príncipe tinha dez anos, e permaneceu para o resto da sua vida.[112] Isso iria imediatamente pôr de parte todas as opiniões de que seriam apenas sonhos húmidos ou uma uretrite causada por certos tratamentos médicos agressivos. Além disso, os constantes relatórios enviados pelos agentes de Filipe II a Madrid sobre as vicissitudes da doença, os seus agravamentos e as suas remissões, são claros quanto à doença ser crónica e incurável. Mas em vez de pegarem na informação de Veloso e de prosseguirem essa análise, os historiadores portugueses preocuparam-se em negá-la e justificá-la. Dois marcos importantes nesse sentido foram um livro da autoria de Mário Saraiva e um extenso artigo de Joaquim de Moura Relvas.

O estudo de Moura Relvas, descrito por Sales Loureiro como "muito bem estruturado" e "fornecendo dados que se adequam perfeitamente com os resultados da mais actualizada

---

111. Alfonso Davila Y Burguero, *Don Cristobal de Moura, Primer Marquês de Castelo Rodrigo, 1538-1613* (Madrid, 1900).

112. Apesar da maioria dos seus biógrafos afirmarem que D. Sebastião contraiu a infecção pouco depois de ter feito onze anos, há fortes razões para acreditar que a contraiu mais cedo, aos dez anos de idade. Em Fevereiro de 1566, o padre Câmara escreveu que o "mal" havia começado mais de dois anos antes, mas que era do conhecimento geral há apenas um ano, e que ninguém era capaz de determinar do que se tratava. Ver Francisco Rodrigues, S. J., *História da Companhia de Jesus na Assistencia de Portugal*, II; 2 (Porto, 1938), p. 338, fn. 1. O facto do padre Câmara afirmar que tinha conhecimento da doença um ano antes de esta ser do conhecimento geral, dá mais credibilidade à suspeita de que ele seria o agente da sua transmissão e que mantivera essa informação guardada para si. De entre vários outros críticos anteriores, António Cândido Franco, *Vida de Sebastião Rei de Portugal* (Lisboa, 1993), p. 73, é o único a afirmar (correctamente, quanto a mim) que os sintomas apareceram quando D. Sebastião tinha dez anos.

investigação histórica" é na verdade bastante cómico para um leitor minimamente informado dos dias de hoje. É desnecessário pormenorizar aqui os seus argumentos, por serem tão ingénuos. Diremos simplesmente que, aparentemente defensor do diagnóstico de doenças somáticas e frenológicas, gasta muitas páginas na análise de imagens de D. Sebastião onde se consegue encontrar não peculiaridades dos pintores, mas claras evidências da saúde e virilidade (ou falta dela) de D. Sebastião, chegando finalmente à conclusão que D. Sebastião não só era "normal" como até "bem dotado."[113]

Mário Saraiva, outro investigador, armado com habilitações médicas, também não se poupa a esforços para refutar qualquer noção de que D. Sebastião tinha uma doença sexualmente transmissível. Com base na sua experiência (fosse ela qual fosse), sendo diplomado em medicina pela Universidade de Coimbra em 1936, toma a incumbência de nos informar sobre aquilo que precisamos de saber acerca da saúde de D. Sebastião. A seu ver, a uretrite de D. Sebastião (que ele reconhece) era simplesmente o resultado de tratamentos incorrectos por parte dos seus médicos. E quais eram esses tratamentos erróneos? Tendo como ponto de partida alguns tratados médicos sobre a enfermidade, escritos um século ou mais, mais tarde (um de 1688; o outro de 1843)[114] ele anacronicamente defende que D. Sebastião foi tratado com métodos "invasivos" (seringas, etc.) que "transformaram" aquilo que era simplesmente *espermatorreia* em uretrite. De facto as fontes indicam-nos quais os tratamentos a que D. Sebastião esteve sujeito. Foi sangrado várias vezes (o que explicaria os seus repetidos ataques de tonturas) e foram-lhe aplicados *emplastos*, além de que lhe davam a beber "xarope de

---

113. Sales Loureiro, *Sebastião*, p. 137. A afirmação de "bem dotado" sem dúvida que se refere à braguilha ornamentada visível nas pinturas de D. Sebastião. No entanto, se compararmos o seu tamanho com o do seu primo D. Carlos, D. Sebastião fica aquém na comparação. Além disso, o tamanho da braguilha tem pouco a haver com o tamanho do seu conteúdo; até Moura Relvas deveria saber isso.

endiva" para lhe arrefecer o fígado.[115] Não há qualquer indício de que as seringas ou os "lavatórios deffecativos" imaginados por Saraiva alguma vez tenham sido usados e, mesmo que o fossem, é muito pouco claro como podiam ter transformado *espermatorreia* em uretrite. Parece que, *a priori*, era simplesmente impossível para Relvas e Saraiva acreditarem que D. Sebastião pudesse sofrer de algo tão socialmente embaraçoso como uma doença sexualmente transmissível, ou seja, não era esse o caso. Em resumo, desde 1933, (ou nos últimos setenta anos) a historiografia portuguesa tem-se esforçado por "turvar as águas" sobre D. Sebastião e a sua doença, numa tentativa de fugir de certos factos desagradáveis que não "caiem bem." A ideia de que um jovem rei pudesse ser vítima de abuso sexual no palácio é, aparentemente, demasiado grotesca para ser aceite por historiadores portugueses.

Assim sendo, até à data não foi feito qualquer avanço relativamente ao estudo sobre D. Sebastião, ao contrário de excelentes trabalhos efectuados sobre acontecimentos durante o seu reinado.[116] Como resultado, a vida do Rei D. Sebastião de Portugal está a precisar de uma extensa renovação. A sua presente imagem biográfica assenta sobre demasiados falsos juízos e

---

114. António Gonçalves, *Tratado da gonorreia* (1688); François Foy, *Traité de matière médicale et de thérapeutique appliquée à chaque maladie en particulier* (Paris, 1843). Podem-se encontrar os trabalhos do Dr. Foy em várias bibliotecas, mas parece que este, em particular, só pode ser encontrado na Biblioteca Nacional Francesa. Não se encontra nas bibliotecas de Yale, Harvard, na Universidade da Califórnia, na Universidade de Chicago, nem na Biblioteca do Congresso. O trabalho de Gonçalves não se encontra em nenhuma das bibliotecas principais, incluindo na Biblioteca Britânica, na Biblioteca Nacional de Lisboa nem na Biblioteca Nacional de Madrid, pelo que me é possível averiguar. Saraiva afirma tê-lo visto na biblioteca da Faculdade de Medicina em Lisboa (pp. 61-62): Mário Saraiva, *D. Sebastião: Na História E Na Lenda* (Lisboa, 1994).

115. Joaquim Veríssimo Serrão, *Itinerários de El-Rei D.Sebastião* (Lisboa, 1963), II, p. 49.

confusões relativamente aos seus primeiros anos de vida e, principalmente, em relação ao seu desenvolvimento sexual. Tal como Freud nos lembrou, e com razão, a sexualidade de um indivíduo é a chave, até mesmo o paradigma, para o seu carácter e personalidade e isto é tão verdadeiro para D. Sebastião como para qualquer outra pessoa. No caso de D. Sebastião, o seu desenvolvimento sexual anormal levou a que ele permanecesse solteiro e sem descendentes até à sua morte, aos vinte e quatro anos; e foram estes dois factores a causa directa da "captura" da Coroa e Estado português por parte dos castelhanos ao longo de sessenta anos, de 1580 a 1640.[117]

Para melhor compreender o que aconteceu a D. Sebastião é necessário examinar, com a devida atenção, as circunstâncias que envolvem a sua infância. O seu pai, vitima de diabetes juvenil, morreu pouco antes (18 dias) do seu nascimento. Dona Juana de Áustria, a sua mãe viúva, era uma jovem estrangeira com pouco ou nenhum apoio na corte portuguesa. Além disso, o seu contrato matrimonial especificava que, caso fosse preciso, ela estaria livre para voltar a Castela após ter cumprido o dever de gerar um herdeiro para o trono português. E assim fez, cerca de três meses após o nascimento do seu filho, não por escolha própria, ou por abandono do seu filho, como alguns julgam, mas porque o seu irmão, Filipe II, assim lhe ordenou para que o pudesse substituir como regente de Castela enquanto ele viajava para Inglaterra para desposar Mary Tudor.[118] Assim, indubitavelmente com pesar, mas por força das circunstâncias, sua mãe partiu de Portugal deixando o seu filho bebé e voltando

---

116. Ver em especial Maria do Rosário de Sampaio Barata Cruz, *As regências na menoridade de D. Sebastão. Elementos para uma história estrutural*, 2 vols. (Lisboa, 1983).

117. A possibilidade de se colocar um Habsburgo no trono português se não houvesse qualquer descendente de D. Sebastião teria sido, aparentemente, uma ideia de Carlos V em 1557, quando D. Sebastião tinha apenas três anos; ver Marcel Bataillon, *Études sur le Portugal au Temps de l'Humanisme* (Coimbra, 1952), p. 267.

para Castela, para nunca mais o ver. No entanto, escrevia-lhe de tempos a tempos, e enviava emissários para que lhe dessem notícias dele. Também encomendava pinturas dele para que pudesse ver o seu aspecto físico.[119] Como resultado, D. Sebastião cresceu sem um pai presente que pudesse agir como protector e sem uma mãe em quem pudesse confiar. No seu lugar, a educação de D. Sebastião ficou a cargo da sua avó, Dona Catarina, esposa do rei D. João III, e do seu tio-avô Henrique, irmão de João III. Por sua vez, eles escolheram vários zeladores, o mais importante dos quais seria um *aio* ou guardião, D. Aleixo de Meneses, assim como um preceptor e confessor. A escolha sobre quais seriam as melhores pessoas para ocupar estes últimos cargos era uma questão que gerava conflito entre Dona Catarina, dirigente do grupo castelhanófilo na corte, e o Cardeal Henrique que dirigia o partido "nacionalista" português. Cata-

---

118. Aqueles que a acusam de "abandonar" o seu filho não conseguem compreender a dinâmica das relações das famílias reais no século XVI, em que as acções das mulheres ainda eram controladas pelos desejos dos homens. Por exemplo, as mulheres casavam com quem quer que fosse escolhido pelos seus familiares do sexo masculino; Filipe II "deu" as suas filhas em casamento aos homens por si escolhidos. No caso de Juana, Carlos V deu claras instruções à sua filha sobre o que podia e não podia fazer relativamente à menoridade do filho, incluindo impedir que as cartas que ela enviava a Portugal fossem entregues, e tornando claro que os interesses de Espanha eram soberanos e que as suas acções teriam de estar de acordo. Assim sendo, é óbvio que ela seria obrigada a pôr os desejos do seu irmão Filipe acima dos desejos dela e, o desejo de Filipe era de que voltasse para Castela. Isabel Drumond Braga, *Um Espaço e Duas Monarquias (Interrelações na Península Ibérica no Tempo de Carlos V)* (Lisboa, 2001), pp. 250-251.

119. Sem dúvida que a pintura de D. Sebastião com 11 anos elaborada por Christóvão de Morais, e que se encontra no Convento das Descalzas Reales (Madrid) seria um desses pedidos de sua mãe. Ver Annemarie Jordan, *Retrato de Corte em Portugal: o legado de António Moro* (Lisboa, 1994), pp. 116-127.

rina, que insistia que D. Sebastião dormisse nos seus aposentos até ter sete anos, e que o obrigava a tomar as refeições na sua companhia até finais de Setembro de 1563, (altura em que ele tinha nove anos de idade)[120] queria Frei Luís de Granada, um Dominicano, ou Frei Luís de Montoya, um agostiniano para seu preceptor, enquanto que o seu tio-avô Henrique insistia num português e jesuíta. A vontade do Cardeal Henrique prevaleceu e, infelizmente, como depois se verificou, o papel de preceptor (e também de confessor) foi ocupado pelo Padre Luís Gonçalves da Câmara.

O padre Câmara pertencia à primeira geração de jesuítas portugueses e foi para a corte com um passado bastante "variegado." Ele havia sido o amanuense a quem Ignatius de Loyola dedicou a sua autobiografia em 1553 e 1555.[121] Também havia passado bastante tempo no norte da África muçulmana, onde fazia parte de um grupo de jesuítas que se encarregaram de dar ajuda espiritual a trabalhadores presidiários Cristãos em Tétuan. Conforme diz o seu biógrafo "para mais os consolarem," Câmara e os seus colegas dormiam lado a lado com os prisioneiros nos escuros semi-calabouços *(enxovas)* onde ficavam presos quando não estavam a trabalhar. Foi durante este período que, segundo se consta, Câmara adoeceu com uma enfermidade não especificada, tendo ido para Ceuta para recuperar.[122] Mas falaremos sobre o significado disso mais tarde.

Assim, para além da sua avó, Catarina, o adulto que mais contacto tinha com D. Sebastião era o seu preceptor e confessor, Câmara. Com a ajuda do seu assistente, Padre Amador Rebelo,

---

120. *Relações de Pero de Alcáçova Carneiro, Conde de Idanha*, ed. Ernesto de Campos de Andrada (Lisboa, 1937), p. 456. Em 1566 Sebastião mudou-se para os seus próprios aposentos no *Paço dos Estaus* (a norte do *Rossio*): Carneiro, p. 470. Ver também Damião de Góis, *Descrição da Cidade de Lisboa*, trad. de José da Felicidade Alves (Horizonte, Lisboa, 1988), p. 53. Existe também uma tradução em inglês de Jeffrey S. Ruth, *Lisbon in the Renaissance* (Nova Iorque, 1966).
121. John W. O'Malley, *The First Jesuits* (Cambridge, 1993), p. 8.

cuja responsabilidade seria ensinar D. Sebastião a ler e escrever, Câmara incumbiu-se de instilar as primeiras noções de cultura ao jovem príncipe. D. Sebastião sentar-se-ia numa cadeira indicadora da sua importância, enquanto Câmara, sentado num banco à sua frente, lhe lia textos em latim e português que o jovem tinha de copiar e absorver. O tempo de aula era cuidadosamente medido com uma ampulheta. Apesar de haver pessoas como Dona Catarina, que não confiavam no padre Câmara, por razões que as fontes não explicam por inteiro, ele era, de forma geral, bastante respeitado pelos seus extensos conhecimentos, e se não pela graciosidade da sua aparência. É descrito como sofrendo de gaguez ("gago") e com um aspecto feio e "animalesco," cego de um olho. No entanto, o seu discurso verbal seria doce e calmante e os seus modos suaves e agradáveis.

E assim foi até D. Sebastião completar dez anos (1564), altura em que o rapaz deu sinais de sofrer de uma enfermidade incomodativa descrita como "fluxes seminales" ou, mais especificamente, umas secreções cremosas no pénis.[123] Chamaram-se médicos, aplicaram-se emplastros, foi sangrado à noite, etc., mas D. Sebastião nunca mais voltou a ser saudável. Apesar de fisicamente forte e atlético, a partir daí sofreu numerosos males físicos crónicos.

Dada a sua importância como a única garantia da continuação da independência de Portugal e a sua importância no mercado matrimonial real da Europa, havia um considerável interesse por parte do estrangeiro relativamente aos seus pro-

---

122. "Cortavalhes o coraçam ver tantos Christãos carregados de ferros, consumidos com o trabalho. Pera mais os consolarem, *se hiam dormir entre elles nas mesmas enxovias* (itálico meu).... Com os muitos trabalhos adoeceo o Padre Luís Gonçalves....": António Franco, S. J., *Imagem da virtude em o noviciado da Companhia de Jesu na corte de Lisboa* (Coimbra, 1717), p. 27.

123. Foi descrito pelos agentes de Castela na corte portuguesa como uma "cierta substancia ó purgacion" que ele expelia "por sus organos." Ver Veloso, *Sebastião* (Barcelos), p. 54. Ver também nota nº 110.

blemas médicos. Filipe II de Espanha, seu tio, chegou ao ponto de enviar agentes especiais à corte portuguesa para que o mantivessem informado sobre a saúde de D. Sebastião.[124] Até mesmo Catarina de Medici, dado o potencial de D. Sebastião como material de matrimónio para uma princesa francesa, esteve atenta. E foi o seu agente na corte portuguesa, o barão de Fourquevaulx, que finalmente descobriu a embaraçosa verdade sobre a misteriosa enfermidade de D. Sebastião: sem palavra atenuantes identificou-a numa carta enviada à rainha como "gonorrhea."[125]

Como é que D. Sebastião ficou infectado? Primeiro temos que ter em atenção a sua idade quando a enfermidade apareceu. Hoje em dia, e com certeza que no século XVI seria igual, o aparecimento de uma doença sexualmente transmitida num rapaz de dez anos é prova quase absoluta de abuso sexual por parte de um adulto. E não há qualquer razão para acreditar que no século XVI a fonte mais provável fosse diferente dos dias de hoje—ou seja, o ofensor será alguém próximo da criança, alguém em quem a criança confia e que tem uma forte influência sobre ela. No caso de D. Sebastião, essa pessoa seria sem dúvida o seu preceptor, padre Luís Gonçalves da Câmara, que também passou a ser seu confessor em 1560—um cargo que ele manteve até 1566, quando os sintomas de D. Sebastião passa-

---

124. Filipe enviou o seu agente, Moura, para saber de D. Sebastião em Abril de 1566 (Carneiro, p. 459); e a mãe de D. Sebastião enviou Moura de novo para ver o seu filho em Agosto desse mesmo ano "por certa má disposição que teve dos rins": Carneiro, p. 470. Estaria certamente a referir-se às secreções do pénis.

125. Veloso, *Sebastião*, p. 107: "...une secrete maladie qu'on appelle gonorrée, à laquelle il est subject." A afirmação de Mário Saraiva em *D. Sebastião: Na História E Na Lenda* (Lisboa, 1994), p. 58, de que "sonhos húmidos" ou *espermatorriea* se chamava "gonorreia" na altura é inconcebível. Apesar dos médicos do século XVI não entenderem a etiologia da gonorréia, sabiam com toda a certeza a diferença entre gonorréia e os normais "sonhos húmidos" de adolescente.

ram a ser conhecidos na corte e em que o Padre foi demitido pela sua avó, a Rainha Catarina.

Ao invés da maioria dos historiadores portugueses que são vagos sobre quem seria o confessor de D. Sebastião em 1564, aquando do surgimento da sua doença, um eminente americano especialista nos jesuítas portugueses, Dauril Alden, é claro relativamente a esta questão. O padre Câmara foi nomeado seu preceptor e confessor em 1560 mas foi substituído por Frei Luís de Montoya em 1566 após insistência da sua avó, Dona Catarina, um ano depois da doença sexualmente transmissível do rapaz ser do conhecimento da corte. (Quando dois anos mais tarde em 1568 D. Sebastião atingiu a maioridade e pôde reinar por direito próprio, empossou novamente o padre Câmara como seu confessor com o apoio do Cardeal Henrique.) [126]

Parece bem possível que a sua avó tivesse atribuído alguma ligação entre o padre Câmara e a doença de D. Sebastião. Um documento sem data publicado por Luciano Ribeiro conta a angústia e frustração de Dona Catarina pela incapacidade em modificar o "vicioso" estilo de vida de D. Sebastião.[127] O aio de D. Sebastião, D. Aleixo de Meneses, também a advertiu para o facto de que o padre Câmara já conhecia a "natureza" física do jovem rei e que em breve teria controlo sobre a sua mente.[128] A palavra utilizada por Meneses—"natureza"—dava a entender que ele "conhecia" o rei de forma sexual. Note-se que a palavra "natura" foi utilizada pela Inquisição Portuguesa da época como sinónimo para os genitais masculinos.[129] Além disso, a grande vontade de Montoya em deixar o cargo de confessor e o seu grande alívio quando assim o fez, teriam um significado

---

126. Dauril Alden, *The Making of an Enterprise; The Society of Jesus in Portugal, its Empire and Beyond, 1540-1750* (Stanford, 1996), p. 82.

127. Ribeiro, "Colectânea," pp. 174-175.

128. Antero de Figueiredo, *D. Sebastião, Rei de Portugal* (Lisboa, 1924), p. 61. "O padre (Câmara) já conheceu a natureza do rei; não tarda a apoderar-se-lhe do animo."

acrescido se ele tivesse sido chamado para substituir um confessor com quem D. Sebastião tivesse relações sexuais.[130] A possibilidade de abuso sexual no confessionário era grande. A relação confessor-penitente estava repleta de tentação por parte de confessores predadores e sem quaisquer escrúpulos. No seu estudo sobre a sexualidade do confessionário durante os séculos XVI e XVII, Haliczer chama atenção para o seguinte:

> "Tal como Freud foi o primeiro a admitir, o desequilíbrio de poder numa relação pode tornar-se um potente afrodisíaco, o que era verdade na relação confessional. Ajoelhados à sua frente durante a confissão e revelando os seus segredos mais íntimos, tornava-se fácil para os penitentes idealizar os confessores e permitia aos confessores aproveitarem-se da necessidade de afecto e apoio sentida pelos penitentes."[131]

Nem mesmo os jesuítas estavam imunes a tal tentação, como dava a entender uma carta enviada por Ignatius de Loyola aos membros da Sociedade. Aconselhou-os a que quando ouvissem as confissões de mulheres ou *jovens rapazes* (itálico nosso), se certificassem que o penitente estava ajoelhado ao lado da sua cadeira, e não à frente dela.[132]

---

129. Ver António Borges Coelho, *Inquisição de Évora, 1533-1668* (Lisboa, 1987), p. 56. Além do mais, um dicionário Latin-Português de 1570 define "natura, ae" como "natureza," e "naturalia, ium" como "Ho sexo do homem ou molher." Jerónimo Cardoso, *Dictionarium Latino-lusitanicum & vice versa lusitanico latinum: cum adagiorum feré omnium iuxta seriem alphabeticam pertuilit expositione* (Coimbra, 1570), em "N."

130. Cita-se Montoya como afirmando que o ano em que foi confessor de D. Sebastião pareceu-lhe ter sido "muitos séculos," e que o "ar" do palácio lhe parecia "moralmente nocivo" para a santidade. Diogo Barbosa Machado, *Memórias para a História del Rey D. Sebastião*, II (Lisboa, 1737), pp. 616-619.

131. Stephen Haliczer, *Sexuality in the confessional: a sacrament profaned* (New York, 1996), pp. 109, 136-137, e *passim*.

Há também outros factores que apontam directamente para o padre Câmara como a fonte da infecção. Uma das provas é indicadora da elevada probabilidade do próprio Câmara estar infectado com gonorréia crónica. A cegueira num olho (não nos dois) é um resultado bastante comum de gonorréia não tratada e, como foi mencionado anteriormente, o padre Câmara foi precisamente assim descrito—cego de um olho.[133] Câmara esteve também doente durante a maior parte a sua vida adulta, sofrendo, como ele próprio dizia, de "muitas e grandes dores" que certamente estariam em consonância com gonorréia crónica.[134] Além do mais, há a própria declaração do padre Câmara numa carta escrita a Roma, em que admite ter tido conhecimento da doença do rei um ano antes de ser do conhecimento geral dos frequentadores da corte.[135] E finalmente, há o testemunho do *aio* de D. Sebastião indicando a sua preocupação relativamente ao relacionamento entre o padre Câmara e D. Sebastião. Em resumo, Meneses dava a entender que o confessor já controlava o corpo de D. Sebastião e tinha também intenção de ganhar o controlo sobre a sua mente. Na verdade foi isso mesmo que fez, de tal forma que foi o objecto de uma denúncia mordaz, conjuntamente com o seu irmão, Martin, a quem D. Sebastião de facto entregou o governo de Portugal ao alcançar a maioridade em 1568. O ataque teve origem no eminente humanista Jerónimo Osório (1506-1580) e numa série de cartas, as suas *Cartas Portuguesas*, em que afirmava que D. Sebastião era

---

132. O'Malley, *First Jesuits*, p. 148.

133. Veloso, "Histórica Política," em Damião Peres, *História de Portugal*, V, p. 53: Câmara era "muito feio, *di brutta presenza*, cego dum olho e gago."

134. "Mais (Camara) me disse, que tres cousas tinha pedido a Nosso Senhor, e erão huma doença comprida, padecer dores por seu amor, e morte com juizo perfeito, que as duas primeiras lhe tinha ja concedido porque auia muito estava doente e era afligido com muitas e grandes dores": Loureiro, *Relação*, p. 526.

135. Ver nota 112.

"prisioneiro" dos dois irmãos Câmara e insinuava que a relação que eles mantinham com D. Sebastião era extremamente "indecente."[136] A ideia de que mantinha relações sexuais com um ou com ambos também se tornou boato geral, tal como demonstrado pelos panfletos anónimos colocados em locais públicos de Coimbra, acusando D. Sebastião de estar "abarregado" (em estado de concubinagem) com os irmãos.[137]

As fontes são claras na descrição dos efeitos físicos da infecção crónica e incurável de D. Sebastião. Por exemplo, ele tinha dores nas virilhas ou no escroto que passavam do lado esquerdo para o direito e que por vezes dificultavam andar a cavalo. Tinha características inflamações na vista. Dormia espasmodicamente, muitas vezes levantando-se depois de se ter deitado. E sofria de febres e calafrios que tentava contrapor usando meias grossas e quentes. Tudo isto são sintomas típicos de gonorréia não tratada.[138]

Este trauma teve também como resultado efeitos psicológicos. O primeiro e mais evidente era a forma como D. Sebastião evitava as mulheres, de tal forma que quase parecia ser alérgico

---

136. Jerónimo Osório, *Cartas Portuguesas* (Coimbra, 1922). É admissível que parte do ódio sentido por Osório se possa atribuir ao facto de os irmãos Câmara, como conselheiros do rei, terem conseguido que fosse substituído (D. Jerónimo Osório, *Tratados da Nobreza Civil e Chistã*, trad. por A. Guimarães Pinto [Lisboa, 1996], pp. 49-53). Também há quem acredite que o autor das cartas não foi Osório mas sim Pero d'Alcáçova Carneiro; no entanto, isso não interfere com a alusão que aqui faço.

137. J. V. Serrão, *História*, III, p. 65, f. 192. "Abarregado" era um sinónimo de "amancebado" ou, uma relação de concubinagem: ver António de Moraes Silva, *Diccionário da Língua Portuguesa*, I (Rio de Janeiro, 1889), p. 54.

138. Ver *Merck Manual of Medical Information* (Whitehouse Station, NJ, 1997), p. 123. Considerados em conjunto, é bem provável que a sua gonorreia não tratada resultasse no Sindroma de Reiter ou "artrite reactiva."

a elas. Como a *História del Reyno de Portugal* de Faria y Sousa descrevia a situação:

> "Desapetecia todo lo que mas apetecieron los hombres. Siempre à sus ojos quedò corrida la fuerça de la hermosura. Nunca uvo Dama que le diesse cuydado.... Um moço hermoso y Principe soberano aborrecia la propria naturaleza, y el talamo...."[139]

Será então que D. Sebastião simplesmente renunciava ao sexo e à manifestação sexual? Alguns historiadores devotos aparentemente gostariam que assim fosse. No entanto, aqueles menos ingénuos sabem perfeitamente que jovens rapazes raramente, ou nunca, renunciam a sexo nos anos em que o seu desejo sexual é mais forte, e enquanto que nem todas as vítimas masculinas de abuso sexual se tornam homossexuais,[140] esse é certamente um resultado possível. Quer isso tenha acontecido ou não com o jovem em questão depende muito provavelmente das influências ambientais bem como de uma possível tendência genética.[141] No entanto, no caso de D. Sebastião, é evidente que ele desenvolveu uma orientação homossexual e aparentemente também se tornou praticante. E qual é a evidência que temos nesse sentido?

É claro que, apesar da sua homossexualidade nunca ser explicitamente afirmada como tal nas fontes, tanto quanto sei, ela é claramente revelada em várias histórias (até agora ignoradas como sendo irrelevantes ou simplesmente indicadoras do seu estranho comportamento) sobre D. Sebastião e suas activi-

---

139. Manuel de Faria y Sousa, *História del Reyno de Portugal...en cinco partes....* (Bruxelas; em casa de Francisco Foppens, 1730), p. 285.

140. Que seja do meu conhecimento, não há qualquer pesquisa efectuada sobre este assunto; mas isso não significa que tal pesquisa não exista.

141. Não tenho qualquer intenção de entrar em debate sobre se a homossexualidade tem causas genéticas.

dades quando jovem e durante os primeiros anos de virilidade.
Para esclarecer isso, temos de nos voltar de novo para a *História del Reyno de Portugal* de Manuel de Faria y Sousa e examinar os relatórios que aí se encontram sobre o estranho comportamento de D. Sebastião. Encontramos provas evidentes de que era frequente ele passar várias horas à procura de oportunidades de encontros homossexuais à noite, ou no que se pode designar de "engate" na terminologia homossexual de hoje. Alguns trechos da *História* clarificam esta questão:

> "Junto al Palacio de Sintra ay un bosque tan espesso, que aun de dia dà miedo à quien le penetra solo; para ir à passearse em el dos horas à las propias [Sebastião] muchas vezes se levantò de noche."[142]

O facto de não se ter reparado nisto, ou de não ter sido compreendido e muito menos discutido por historiadores portugueses, talvez se devia à sua ignorância sobre o assunto ou à sua inconsciente aversão e negação do que isso possa sugerir. É claro que D. Sebastião não andava a passear pelos pinhais perdido em pensamentos filosóficos, ou contemplando o céu estrelado, nem em comunhão com a natureza. Ele não era do tipo "filosófico," e teria sido difícil, até mesmo impossível, ver de alguma forma as estrelas sob as árvores de um pinhal cerrado. É mais provável—aliás, diria até "certo"—que ele estava a fazer o que fazem os jovens que não têm qualquer interesse por mulheres quando vagueava por parques e pinhais a meio da noite—à procura de parceiros homossexuais para uma relação sexual casual.[143] Mas as aventuras homossexuais nocturnas de D. Sebastião nem sempre tinham lugar no mato ou no pinhal perto do palácio de Sintra. Em outras ocasiões ele tinha encontros, aparentemente já marcados, com homens misteriosos na praia ou nas dunas do outro lado do rio Tejo. Segue-se o trecho que descreve tais actividades.

---

142. Faria y Sousa, *História*, p. 286.

"Despues de acostado bolvia à las onze de la noche à levantarse con Don Albaro de Meneses page suyo,[144] y saliendo à la playa se adelantava solo, y passada una y dos horas se recogia. Muchas vezes con Sancho de Toar [sic] à la misma hora en un barco atravesava el rio Tajo, saltava en la arena, adonde de parte de belen acudia otro de que salia un hombre, y despuse de passearse en la playa, al vez una, tal dos horas, se apartavan, sin que se supiesse, ni lo que hablava, ni con quien."[145]

Não podemos saber com que regularidade ele "tinha sorte" nas suas expedições de engate nocturno, já que as pessoas ditas "normais" que pudessem testemunhar o ocorrido não andavam a passear no pinhal ou na praia a meio da noite. Mas as suas escapadelas à procura de sexo aparentemente não se restringiam ao período nocturno, nos pinhais em redor de Sintra ou nas margens do Rio Tejo. Há também uma descrição do seu "engate" com um rapaz negro no pinhal perto de Almeirim, que teve lugar durante o dia e do qual há testemunhas. Assim conta a *História*:

"Otra [vez] em Almeirin sobre un àrbol esperava à un javali, sintiò ruido entre las ojas, e aplicando la vista distinguiò un bulto, baxò aprissa, e arremetiò con el: el ruido de la lucha hizo que acudiessen algunos caçadores pensando que el Rey lo avia con algum mostruo, y hallaronle abraçado don

---

143. Na verdade, é precisamente por esta razão que muitos parques em Paris (tal como o Jardin de Luxemburg) têm gradeamento e são fechados à noite—para que os homossexuais não entrem. Em finais do século XVIII, os engates homossexuais tinham lugar nas zonas florestais onde agora encontramos os Champs Elysées: Jeffrey Merrick, "'Noctural Birds' nos Champs-Elysées; Police and Pederasty in Prerevolutionary Paris," *GLQ: a journal of lesbian and gay studies*, 8:3 (2002), pp. 425-432.

144. Sobre as relações homossexuais dos jovens da nobreza com os seus pajens na corte de D. Sebastião, ver nota 152.

145. Faria y Sousa, *História*, p. 285-286.

un negro salvage que de largos dias huido de sus amos habi-
tava con las fieras de aquel monte."[146]

No entanto, a história precisa ser reformulada por forma a
melhor revelar a verdadeira sequência dos acontecimentos.
Note-se que a razão pela qual D. Sebastião foi encontrado "a
abraçar" um negro no pinhal só pode ter sido explicada pelo
próprio, já que os caçadores (testemunhas) intrigados só apareceram depois de tudo supostamente já ter tido lugar e encontra-
ram-no "nos braços do negro." Assim podemos reconstruir os
acontecimentos da seguinte forma:

1. Alguns caçadores nos pinhais perto de Almeirim ouviram
   ruídos que pareciam ser de uma luta (lucha), pelo que
   foram investigar.[147]
2. Ao chegarem ao local encontraram o jovem rei D. Sebastião
   nos braços de um negro em fuga.
3. Surpreendido pela sua chegada, D. Sebastião explicou-lhes
   que havia estado numa árvore à espera que passasse um
   javali selvagem. Quando ouviu um restolhar na folhagem ele
   desceu e atacou a figura, pensando ser um javali selvagem,
   descobrindo só depois de ter lutado com ele que se tratava
   de um escravo fugitivo.

No entanto, a sua explicação deve ter intrigado os seus
ouvintes por várias razões. Não era costume ir-se à caça de
javali selvagem sozinho; nem era comum ficar sentado numa
árvore à espera que passassem para lhes saltar em cima,
lutando com eles utilizando apenas as mãos, já que não há qualquer referência a uma arma na história. Aliás, eles eram caça-
dos de forma elaboradamente sistémica por homens a pé,

---

146. Faria y Sousa, *História*, p. 286.
147. É quase desnecessário chamar a atenção para o facto de que,
     dependendo da intensidade, a relação sexual pode ser ruidosa
     e os ruídos podem parecer que alguém está envolvido numa
     luta.

assistidos por *monteiros* e *moços* acompanhados por uma matilha de cães de ataque, e quando o javali ficava encurralado era morto com *azcumas* ou lanças.[148] Na verdade, como a explicação dada por D. Sebastião não faz muito sentido, é bastante claro que o que temos aqui, camuflado, era um encontro sexual no pinhal (que, dependendo da intensidade, poderia parecer uma *lucha*) suficientemente ruidoso para chamar a atenção de alguns caçadores que se encontravam por perto, e que ao chegarem encontraram o jovem rei nos braços de um negro. Para explicar as estranhas circunstâncias em que foi encontrado, D. Sebastião inventou a sua pouco plausível caçada—uma história suficientemente estranha para ser recordada durante muito tempo depois do incidente.

A única interpretação razoável para estas estranhas histórias é de que D. Sebastião estaria envolvido em algumas saídas nocturnas (e por vezes diurnas) em busca de aventuras sexuais, como é típico de homossexuais à procura de sexo anónimo. Tendo em conta todo o resto que sabemos a seu respeito, a sua reacção alérgica a mulheres e a sua gonorréia antes da adolescência, não há realmente nenhuma outra explicação plausível para um jovem rei estar a encontrar-se com homens desconhecidos na praia à meia-noite, ou ser surpreendido no meio do pinhal nos braços de um negro. As fontes mais discretas referem apenas o facto dele passar as noites na farra com jovens

---

148. Ver A. H. de Oliveira Marques, *Portugal na Crise dos Séculos XIV e XV* (Lisboa, 1987), p. 480: "O *Livro da Montaria* foi um tratado completo da caça ao javali, *utilizando a lança e matilha de cães*" (itálico nosso). Ver o *Livro de Montaria* em M. Lopes de Almeida, *Obras dos Príncipes de Avis* (Porto, 1981), pp. 1-232. Na verdade, D. João I é explícito no aviso que faz quanto a tentar descobrir javalis selvagens de cima de uma árvore: "e outrosi lhes deue de defender que nenhum nom se suba a nenhua aruor…ca seiam bem certos que qualquer que assi estiuer em aruor…logo o porco passa, senom todauia que seiam em chãao…. (p. 115) Há também a edição de F. M. Esteves Pereira, *Livro da Montaria* (Coimbra, 1918), *passim*.

rapazes de baixo moral,[149] mas Faria y Sousa é muito mais explícito sobre o que D. Sebastião, ou o grupo de jovens, estava a fazer e, do meu ponto de vista, torna óbvio a natureza homossexual das suas incursões nocturnas.[150] Além do mais, qualquer sentimento de afecto que pudesse sentir ou demonstrar era, tanto quanto sabemos, direccionado apenas amigos. Isso é claro num outro trecho da *História*:

> "Muriò Don Alvaro de Castro, su privado: algunas noches saliò con algunos Cavalleros, y dexandolos atràs se fuè al entierro de Don Alvaro, adonde le oían hablar, y le vian salir lloroso."[151]

E mais, caso se possa pensar que a actividade homossexual não seria tolerada na corte de el-rei D. Sebastião, há fortes evidências de que apesar das suas tentativas de projectar uma imagem pessoal de hiper-masculinidade através de combates e caçadas incessantes, os jovens da nobreza que frequentavam a corte não eram de todo contra demonstrações de comportamento

---

149. Ribeiro, "Colectânea de documentos," p. 176: "...passeaua de noite cõ gente de pouca autoridade e menos mostras de uirtude."

150. Note-se que a biografia, por Villacorta Baños-García, mencionada anteriormente, encontra nessas mesmas histórias apenas uma "cierta tendencia o afición hacia lo misterioso" por parte de D. Sebastião. Os seus encontros com desconhecidos na praia são modificados de forma a que o rei estivesse "escuchando con delectación el sonido del agua, o el de las olas que se rompían a sus pies" (p. 86); as suas escapadelas pelos pinhais de Sintra são interpretadas como "para esperar el paso de los jabalíes, pudiendo hasta pernoctar bajo el remanso de algún árbol...mientras se impregnaba de olores y esencias naturales" (p. 87). Escusado será dizer que nenhuma destas engenhosas explicações para as suas saídas nocturnas são fundamentadas nas fontes documentais. Na verdade, a referência na nota 149 expõe a ingenuidade destas explicações feitas pelo seu biógrafo espanhol.

151. Faria y Sousa, *História*, p. 286.

evidentemente homossexual, se dermos valor a um trecho de Francisco Manuel de Melo na sua *Carta de Guia de Casados:*

"...como se poderá crer que naquele reinado de el-rei D. Sebastião, em que os homens se fingiam de ferro, por contemplação dos excessos de el-rei, era costume andarem os fidalgos mancebos encostados em seus pajens, como hoje as damas. E chegava a tanto aquele mau costume, que quando os que jogavam a péla, passavam de uma casa para outra, o não faziam sem que se lhes chegassem os pajens, e neles se encostassem. Diziam haã, fazendo-o muito comprido, e os mais falavam afeminado, por uso daquele tempo."[152]

Se era este o seu comportamento em público, o que poderiam fazer como os seus pajens em privado?

* * *

Vamos então recapitular os argumentos apresentados no que diz respeito ao abuso sexual de D. Sebastião e as consequências que isso trouxe, a ele e ao seu reinado.

1. Tendo em conta a evidência, não há qualquer razão para duvidar que D. Sebastião contraiu gonorréia e/ou clamídia aos dez anos, sendo muito possível que tenha contraído ambas já que costumam ser transmitidas em conjunto. Os

---

152. Francisco Manuel de Melo, *Carta de Guia de Casados* (1651), (Porto, 1963), pp. 103-104. A natureza exacta do "jogo da péla" é incerta, assim como são as regras com que se jogava. Era necessário uma bola *(péla)*, e poderia ser semelhante à pelota ou bola de ténis de hoje. É necessário fazer-se mais pesquisa. O termo "casa" na frase "...passavam de uma casa para outra..." está definido em Morais e Silva, *Diccionário*, I, p. 420, como: "no jogo da pella é a primeira divisão do topo do jogo e da o nome aos dois primeiros contendores."

seus "fluxos seminais" não podem ser ignorados e encarados como nada mais que "sonhos húmidos" já que o seu "morbo" continuou a ocorrer esporadicamente durante toda a sua vida, e até à sua morte aos 24 anos. Além do mais, já que a ejaculação natural por norma começa nos jovens adolescentes por volta dos doze anos e meio, ter tido essas "secreções" numa idade tão precoce (10 anos) é uma clara indicação de uma doença sexualmente transmissível. Também não se pode afirmar que foi contraída "indirectamente," como alguns historiadores religiosos já o fizeram, já que isso é praticamente impossível no caso de doenças transmitidas sexualmente.

2. Como os sintomas apareceram quando D. Sebastião tinha dez anos, é quase certo que foi infectado como resultado de qualquer iniciação sexual [hoje em dia diríamos abuso sexual] por um adulto. Em quase todos os caso—e isso seria tão verdadeiro no século XVI como no século XX—esses abusos viriam da parte de um membro da família ou de alguém muito próximo da família que ocupasse um lugar de confiança e de contacto íntimo com o jovem. No caso de D. Sebastião, essa pessoa seria mais provavelmente o seu preceptor e confessor. O seu *aio* Meneses não seria certamente o culpado, pois ele era extremamente critico da relação pouco saudável e do papel dominador que o confessor tinha sobre D. Sebastião. Além do mais, temos duas provas que nos oferecem um meio de identificar o abusador.

(a) A afirmação de Meneses de que Câmara já havia "conhecido a natureza do rei" e que estaria a tentar apoderar-se-lhe da mente. No contexto, a utilização da palavra "naturaleza" por parte de Meneses precisa de ser entendida no sentido físico, referindo-se à dicotomia do "corpo versus alma." Resumidamente, ele estaria a dar a entender que o padre Câmara já tinha tido contacto carnal com o rei e que iria de seguida tentar ganhar controlo sobre a sua mente.

(b) O confessor de D. Sebastião, Luís Gonçalves da Câmara, era cego de um olho—um sintoma visível comum de gonorréia não tratada. Apesar de não podermos saber ao certo onde ou como ficou infectado, parece ser bastante provável que tenha sido quando dormia com os reclusos cristãos em Tétuan.[153] Assim concluímos que, das várias pessoas que tinham contacto com D. Sebastião naquela altura, era o padre Câmara que mais provavelmente tinha gonorréia e portanto ser a pessoa que mais possivelmente transmitiu a doença a D. Sebastião, quase certamente durante uma confissão privada. Também é interessante notar que D. Sebastião, contrariamente até dos membros mais religiosos da corte, parecer estar estranhamente ligado ao acto da confissão, fazendo-a com muita frequência, ou seja, todas as semanas, em vez de uma vez por ano, como era habitual para a maioria dos membros da corte.[154]

3. Conforme relatos das fontes da época, as várias doenças de D. Sebastião estão em sintonia com o diagnóstico de que sofria de gonorreia não tratada. Tinha as secreções do pénis, que são o primeiro sintoma de gonorréia. Tinha dores no

---

153. Ver nota 122.
154. Francisco de Sales de Mascarenhas Loureiro, "'Relação da vida d'El-Rey D. Sebastião' do Padre Amador Rebelo," *Revista da Faculdade de Letras de Lisboa*, IV série, 1978:2, pp. 508-509. Rebelo conta uma história engraçada em que D. Sebastião, com seis anos e meio, pergunta a um velho eremita qual a regularidade com que se confessava. O eremita estava reticente em responder-lhe mas, com a insistência de D. Sebastião, respondeu que o fazia uma vez por dia. D. Sebastião de seguida perguntou-lhe o que tinha ele para confessar todos os dias. Enraivecido, o eremita respondeu que se deve penitenciar todos os dias sem falta, dizendo "tibi soli peccavi" três vezes em voz alta. D. Sebastião ficou tão perplexo que fez questão, de futuro, se confessar uma vez por semana.

escroto, que passavam do lado esquerdo para o direito e de novo para o esquerdo, também típicas de gonorréia não tratada, e que eram suficientemente fortes ao ponto de ser doloroso andar a cavalo. Na verdade, juntando todos os seus sintomas, podemos especular que a gonorréia não tratada pode ter produzido o sindroma de Reiter (artrite reactiva) da qual D. Sebastião padecia. Os únicos tratamentos que se sabe terem sido feitos pelos seus médicos foram a aplicação de "emplastos" e o sangramento à noite; por sua vez, este ultimo era a provável causa das "tonturas" e desmaios de que sofria, já que seriam o resultado lógico das excessivas perdas de sangue desses sangramentos repetidos; e, mais tarde, foi-lhe dado por via oral "xarope de endiva" para lhe "arrefecer" o fígado.

4. A personalidade de D. Sebastião também demonstrava uma série de sintomas psicológicos que são muitas vezes resultantes de abuso sexual. Era dissociativo, como se pode ver pelas suas cartas escritas; refugiava-se numa busca obsessiva de actividades hiper-masculinas, como a luta e a caça; e demonstrava uma frieza afectiva que afastava todo o contacto e companhia feminina, sendo também hábil em evitar persistentemente o matrimónio. Além disso, a sua viva imaginação concentrou-se na ideia de liderar uma má concebida cruzada contra o Islamismo que foi gradualmente ficando fora de controlo e apoderou-se da sua mente, o que teve como resultado a sua morte na batalha de Alcácer Quibir.

Na verdade, iria mais longe afirmando que o abuso que sofreu pode mesmo ter criado a D. Sebastião desejos inconscientes de suicídio.[155] A meu ver, a sua inabalável determinação em confrontar o sultão de Marrocos numa batalha não era nada mais que uma inexplicável estúpida obsessão. Com base naquilo que hoje sabemos sobre as consequências psicológicas do abuso de crianças, seria perfeitamente razoável detectar um desejo de morte nessa sua determinação. Ou seja, D. Sebastião

sabia, inconscientemente, que a sua aventura em África levaria
à sua morte (ou, se por algum milagre assim não fosse, o levaria
a uma glória maior do que alguma vez poderia sonhar alcançar)
e é precisamente essa a razão pela qual a persegue tão inflexi-
velmente. Escusado será dizer que nunca se conhece ao certo os
recantos mais profundos do coração e da mente humana. E isso
é ainda mais verdadeiro no caso de uma figura histórica como
D. Sebastião. Mas se ele sabia (e devia saber) que não poderia
concretizar o seu maior dever de gerar um herdeiro, e que a
pressão que era exercida sobre ele relativamente a esta questão,
assim como a humilhação de não a conseguir satisfazer, apenas
iria intensificar-se com o tempo, é inteiramente concebível que
o seu inconsciente o levasse a procurar pôr fim a tudo isso num
esplendor de glória militar. Visto assim, a sua obsessão quixó-
tica de uma "cruzada" em África não seria o produto de uma
religiosidade fervorosa, nem a mera temeridade que tradicional-
mente se faz crer, mas sim a escolha trágica e desesperada de
um jovem atormentado de sair de forma dramática da situação
impossível em que se encontrava; uma fatídica, embora incons-

---

155. *Journal of the American Medical Association* (2001); 286, pp.
3039-3040: "Adultos que sofreram abusos...durante a sua
infância têm mais probabilidade que outros, do mesmo grupo
etário, de tentarem o suicídio décadas mais tarde." Note-se
que D. Sebastião já tinha dado provas de um possível desejo
inconsciente de morte ao escolher envolver-se num acto de
bravura temerária. Mais uma vez, Faria y Sousa fornece a história. D. Sebastião havia dado ordens para que nenhum navio
passasse para além da Torre de Belém ou São João sem que
fosse registado. Se o fizesse, seria bombardeado pela artilharia
e afundado. Para se certificar que as suas ordens estavam a ser
cumpridas—"o por que buscava la muerte"—D. Sebastião e
alguns nobres violaram a regra, a bordo de um bergantim. O
bergantim foi devidamente bombardeado, mas os ocupantes
sobreviveram; D. Sebastião mais tarde voltou ao palácio sem
revelar que tinha estado entre os ocupantes do bergantim:
Faria y Sousa, *História*, p. 286.

ciente, decisão de convidar a morte em batalha como o último cruzado cristão.

* * *

Assim, é agora a altura certa para um novo olhar sobre a vida de el-rei D. Sebastião. É necessária a elaboração de uma nova biografia do rei célebre na literatura Ocidental e um mito pelo seu significado trágico e simbólico.[156] Mas o mais essencial não é a acumulação de mais dados acerca do ambiente da época em Portugal, sobre o seu governo e sociedade,[157] mas sim um olhar completamente novo face ao homem em si, à sua mente,[158] e especialmente à sua sexualidade. Todas as biografias existentes sofrem há muito da existente confusão em redor da sua saúde, da sua *persona* e da sua obsessão "irracional" pela conquista de Marrocos. Nenhuma delas mostra qualquer percepção complacente na sua atitude, um rapaz abusado sexualmente e que teve de lidar sozinho e sem qualquer ajuda com as consequências da sua experiência, com a gonorréia não tratada e os seus efeitos a longo prazo, as feridas psicológicas e as infindáveis pressões exercidas sobre ele para que se envolvesse com mulheres, para que se casasse e gerasse herdeiros, con-

---

156. Maria Leonor Machado de Sousa faz uma extensa descrição da imagem de D. Sebastião na literatura inglesa, coord., *D. Sebastião na literatura inglesa* (Lisboa, 1985), e, na literatura alemã, Ana Maria Pinhão Ramalheira analisa a sua última batalha: *Alcácer Quibir de D. Sebastião na Alemanha* (Coimbra, 2002).

157. Não se pretende com isto minimizar o excelente trabalho efectuado por Joaquim Veríssimo Serrão e especialmente por Maria do Rosário Barata Cruz.

158. Relembremos a observação de J. V. Serrão em que qualquer nova biografia terá de ser mais psicológica do que...documental (ver nota 104).

forme previsto no seu horóscopo, seria difícil imaginar um destino mais cruel.

Com o discernimento de um grande romancista, Evelyn Waugh aproximou-se provavelmente mais da verdade sobre D. Sebastião do que qualquer um dos seus numerosos historiadores. Ao tecer alusões à história de El-Rei D. Sebastião, como uma espécie de aura perfumada, no seu notável romance, *Brideshead Revisited*, Waugh criou o *seu* Sebastian, Sebastian Flyte, como um jovem dourado sem grande profundidade intelectual que nunca conseguiu emergir de uma homossexualidade de adolescente, e cujo destino final seria terminar os seus dias como um pobre pedinte em África. É óbvio que o Sebastian de *Brideshead Revisited* difere em muitos aspectos de Sebastião, o rei português. Mas, na percepção essencial de que a homossexualidade o impedia de viver a vida "normal" de casado, com filhos, conforme se esperava dele, assim como a sua "solução" final de fugir e exilar-se em África, Waugh recapitula perfeitamente o problema de el-rei D. Sebastião. Infectado tragicamente com gonorréia e introduzido na homossexualidade (quase certamente pelo seu preceptor-confessor), Sebastião, o rei, tal como Sebastian Flyte, teve uma juventude atribulada, refugiando-se numa fixação obsessiva por desportos hiper-masculinos e, finalmente, numa tentativa de erradicar os seus demónios numa batalha perdida nas areias do norte de África que ele sabia, pelo menos inconscientemente, ser a solução final que procurava para os seus problemas.

Por isso, em vez de simplesmente repetir criticas fáceis quanto à capacidade de liderança de D. Sebastião, criticas essas baseadas numa grande falta de compreensão da sua situação, qualquer novo biógrafo deve ser capaz de avaliar verdadeiramente a sua singular situação trágica, e deve também ter a empatia necessária para compreender um jovem que apenas pode ser visto, reconheço, como uma trágica vítima de abuso sexual, com todas as suas consequências físicas e psicológicas.

Apéndice:
Uma Troca de Cartas

Depois de ler o meu estudo "A Pedophile in the Palace," o Professor Doutor Joaquim Antero Romero Magalhães (Universidade de Coimbra) enviou-me a carta seguinte:[159]

Exmo. Senhor Professor Harold B. Johnson:
Coimbra, 27 de Fevereiro de 2004

---

159. Devo dizer que achei a carta do Senhor Professor Doutor um pouco estouvada e bastante desconexa, dando-me como exemplo vários retalhos de informação acerca do reinado de D. Sebastião que não têm qualquer relação com as minhas téses. Outro obstáculo em tecer uma crítica clara vem talvez da sua relutância em chamar as coisas pelos seus nomes. As palavras "gonorrheia" e "homossexual" nunca são mencionadas na sua carta. Lembro-me a propósito disto uma observação de Robert Howes acerca duma resenção do romance *O Barão de Lavos* de Abel Botelho que foi publicado num jornal Lisboeta da época. "[O] crítico conseguiu terminar a sua resenção do livro sem nunca dizer do que se tratava." Robert Howes, "Concerning the Eccentricities of the Marquis of Valada: Politics, Culture and Homosexuality in Fin-de Siècle Portugal," *Sexualities*, 5:1, p. 33: "One critic was distinctly embarrassed, breathing a sigh of relief when he managed to get to the end of his review without saying what the book was about...."

Caro Colega:

Agradeço a sua atenção ao enviar-me o seu artigo *A Pedophile in the Palace*.... É um exercício interessante de história da sexualidade. Parte, como é evidente de uma total carência dos documentos, tendo de procurar ler nos silêncios e no que pensa que são alusões. Apesar da verosimilhança de algumas das ilações, não me parece que tenha conseguido ser totalmente convincente. Não lhe digo isto por "pruderie" ou qualquer necessidade de negar ou de branquear a figura do rei (acusação que me faz e que não aceito). Trate-se, ao que me parece, de engendrar uma história e depois encaixá-la nos documentos. Vamos por partes.

A grande biografia de D. Sebastião é a de Queiros Velloso, e não se contém no resumo que ele próprio escreveu para a *História de Portugal* dita de Barcelos. Nessa obra se pode ver que a ideia de conquistar Marrocos—ou de inflingir uma derrota grande aos Mouros—não é coisa que estivesse apenas na cabeça um tanto oca do rei.

Era toda uma corrente política existente na época que o império se desestrutura e reestrutura. O próprio Camões n'*Os Lusíadas* (1572) permite ver como essa era uma ideia corrente. Assim a figura no Velho do Restelo.

A questão da sucessão só se pôs depois da morte do Senhor D.l Duarte (1576) e não antes. Mas já era tarde para tirar da cabeça do rei a ideia de ida a Marrocos. Felipe II fez o que pôde para o dissuadir disso. É o mesmo fez o cardela D. Henrique. Não conseguiram. É essa obstinação que leva António Sérgio a chamar-lhe "grandecíssimo pedaço de asno"—não sei se a tradução em Inglês é a que aponta. Mas é preciso ver em que circunstâncias Sérgio escreveu várias vezes sobre ele—usando documentos da época. Porque Sérgio não era um historiador. Era um ensaísta de rara inteligência mas que gostava sobretudo de polémica. E é em polémica contra os tradicionalistas e irracionalistas de 1924-1925 que escreve sobre D. Sebastião. Convirá que a *Tréplica* é de uma contundência notável. E importante para o estudo dos anos finais da I República.

Quanto à vertigem suicida, não me parece que colha. Nada menos certo antes da Jornada de África do que a derrota de Alcácer Quibir. Mas a desfeita era óbvia e concedamos que essa fosse uma mania do rei para alcançar a morte honorosamente. Não era isso o que os jesuítas ensinavam e praticavam? Basta ver com que deleite se referem aos martítrios que sofriam fora da Europa. Há nos jesuítas essa atracção pela morte bem marcada. Influência basca dos ideólogos e criadores da S. I.? Não sei.

A fantasia da hipótese—e emprego o termo fantasia precisamente na linguagem sergiana—do abuso sexual do Padre Luís Gonçalves da Câmara sobre o rei parece-me bem engendrada, mas insuficientemente provada. Porém, caro Colega, não me parece o mesmo dos engates nocturnos em escuso parques e praias—ao jeito de Parque Eduardo VII da actual Lisboa. Até porque us o Faria e Sousa, que não conheceu a Lisboa sebástica. E seria assim no século XVI? Haveria essa liberdade de engate? Tenho as minhas dúvidas. Seria preciso outra fundamentação para que pudesse aceitar essa divertida hipótese? Que não me choca, pode estar certo.

Mas já agora, e pedindo-lhe que aceite sem azedume a minha franqueza, a possível inclinação sexual de D. Sebastião ajuda a explicar como e porquê o rei se meteu em tais aventuras militares? Gosto guerreiro pelas companhias masculinas? Até mais ver não me convence. E não é por carolice ou por nacionalismo. Não sofro de tais mazelas.

Aceite, caro colega,
os cordiais cumprimentos de

J. Romero Magalhães

* * *

Eu respondi com a carta seguinte:

Dear Professor Magalhães:

First of all, I would like to thank you for your kindness in reading my study and taking the time and trouble to critique it. I appreciate that. I regret, however, that you were not totally persuaded. I must say that your letter is confusing with regard to which conclusions of mine you accept and which you do not. Do you agree that Sebastian suffered from gonorrhea? I rather assume you do since you appear to accept my idea that Câmara was the most likely agent of transmission. Do you agree that Sebastian was homosexual? You reject the idea that he went "cruising" for sex at night, but does that mean you think he was heterosexual? If so, what evidence can you present to show that he was and that would serve to refute my contention that he was homosexual? Or do you think he was "sexless"? It is clear that you don't agree with my hypothesis that his obsession to go to war in Morocco may have been driven by an unconscious death wish. This is a perfectly reasonable disagreement. In fact, the core of my argument involved only his gonorrhea and his homosexuality. The "death wish" idea was only icing on the cake, as it were.

I will make some additional comments on your points more or less in the order you have presented them.

1. You say I "accuse" you of "whitewashing" Sebastian. I don't believe I said any such thing. I did say that I thought your account of his reign too easily "dismissed" many of the questions I would regard as crucial to its understanding. This does not seem to be "whitewashing" anything. Indeed the term you use ("branquear") implies that my maintaining that Sebastian was sexually abused and became homosexual "blackened" him.

I do not believe this at all as my essay shows. I see Sebastian as a tragic victim of unhappy circumstances not created by him; I certainly see nothing dirty or "not white" in his homosexuality. Perhaps a certain prejudice on your part (that homosexuality is a sin or defect or something dirty) peeks through here.

2. Your statement that my study takes off from a total "carência dos documentos" also seems to me far from exact. While I did not use *unpublished archival documents* (other than the horoscope that I located in the Biblioteca Nacional) I certainly made use of printed documents as indicated in numerous footnotes, as you can see if you take time to look. In addition the material taken from Davila y Burguero is based on documents from Simancas, as is much of the information in Veloso's biography as well as those of others. Furthermore, important information such as the date when Câmara became aware of Sebastian's fluxes comes from a "document" (letter) cited by Francisco Rodrigues, S. J. and the testimony regarding when *espermatorreia* first appeared also comes from documents used by David Higgs. Numerous other examples could be added, but I think my point is clear. This hardly seems to me to be "a total lack of documents."

You further suggest that I "engendered" the conclusions first and then looked for documents to support them. This is another incorrect supposition on your part. I first became interested in Sebastian when I located, in the Biblioteca Nacional, a manuscript horoscope cast shortly after his birth. I rapidly realized that it did not correctly predict his future and this prompted me to learn more about his life, especially about his sexuality, since the one of the horoscope's most infelicitous predictions was that he would marry and have "many" children. What I discovered was that he contracted gonorrhea at age 10 (until I saw the reference to the letter Câmara wrote to Rome I presumed, as did most other historians, that he became infected at age 11). The next question was how he became infected. I will not go into my reasoning again, but the most probable agent of infection was clearly Câmara. Ten year olds don't get gonorrhea "indirectly," as most well informed people know. The next question to consider was whether he became homosexual. Again, it is utterly absurd to argue that a young man whom all sources describe as completely uninterested in women to the point of being allergic to them, who avoided marriage, and who never sired any children, was a "normal" heterosexual. Only the most ingenuous and psychologically ignorant could possibly make such a silly argument. The idea that he might have been "sexless" is also untenable; for, as Freud has made clear, young men are never "sexless." Thus when further reading produced more and more evidence compatible with the hypothesis that he was homosexual, I undertook to argue my case. It came gradually from my research and was not conceived *a priori* as you imply. Those who don't accept it will need to prove instead that he was heterosexual. I would be interested to see what arguments they can muster for that.

3. I agree that the best biography of Sebastian to date is that of Veloso and I say so myself when I point out that much of the work on Sebastian since his time has simply backpedaled on what he did. The question of gonorrhea is a case in point. Veloso correctly understood that Sebastian was infected and said so. But when it came to going on to investigate the matter further he simply stopped (out of prudery or lack of knowledge or whatever) and opined that it must have been "contracted indirectly" since what we know of Sebastian made direct infection unlikely. This of course doesn't carry any conviction today at all. A boy can be abused sexually without being promiscuous himself, as the *Casa Pia* scandals have made very clear. In short, a boy's "habits" are not the determinate factor in whether or not he is abused by an adult. I suspect, in view of the prevailing intellectual atmosphere in Portugal at the time Veloso wrote, he was simply unable or unwilling to imagine the possibility of sexual abuse of a child king. Nevertheless he understood that Sebastian had gonorrhea and said so.

4. As far as Sebastian's obsession with going to war in Morocco, I do not recall my ever saying or implying that this

idea was limited to the king. Can you tell me where I did? It was
an idea "in the air" at the time, as the *Lusíadas* indicate, but
here the important consideration is not whether the idea was "in
the air" but rather why a supposedly intelligent and well
advised king would become fixated upon it. There were many
ideas "in the air" at the time; did the King become obsessed
with all of them as a result? I don't believe that mere Jesuit
instruction by itself could bring about his fixation. University
professors, I suspect (and I was one myself), flatter themselves
that students are far more easily influenced by what they say
than is actually the case. For Sebastian to take this idea and fix-
ate upon it as obstinately as he did would require a powerful
unconscious motivation, not merely what some Jesuit teachers
had said to or taught him. Indeed, his Jesuit tutor attempted to
dissuade him from this idea to no avail. So one might say that he
fixated on the idea in spite of the advice he received from his
Jesuit teachers. So I fail to see your point here or how this inval-
idates my argument.

5. Nor do your comments on the question of the succession
have much to do with my thesis as far as I can see. Nowhere did
I relate Sebastian's motivations to the question of the succession. The fact that Sebastian never married and never had any
progeny led to the crisis of 1578 or 1580, not by anyone's
intent, but as a result of the evolution of events. Did I say or
imply otherwise?

6. Likewise my arguments hardly depend upon the quotes
from Sérgio or his opinion of Sebastian. I merely used his
remarks to illustrate one extreme in Portuguese views of Sebastian. Thus I fail to understand your point in discussing them
since they have nothing to do with my argument.

7. Whether or not Sebastian had unconscious suicidal
wishes is impossible to prove in the way one would prove the
date of Sebastian's birth or that of Napoleon's death. I however
detect suggestions of such a wish in the information that has
come down to us about him and his behavior (see my note 155).
There is also the statement of a Papal Ambassador to the effect

that he was habitually so reckless that he constantly put his life at risk.[160] Perhaps I am more attuned than most to unconscious motivations having been fortunate enough to spend a number of years in intensive Freudian psychoanalysis myself. I often find, as a result, an inability in some of those who have not been analyzed to perceive unconscious motives in others, including historical figures.

8. Your apparent assumption that homosexual men (will you admit that such people existed in 16th century Portugal as well as today?) did not seek casual sex under cover of night in Sebastian's time seems to me as simply naïve. Or do you rather maintain that the young king whom documents (yes, actual printed documents) say spent his nights with people of very low morals could never have engaged in such behavior?[161] Do you think the stories from Faria y Sousa are mere inventions out of nowhere? Why would you think that Faria y Sousa's testimony is invalidated by his not having been personally acquainted with mid-16th century Lisbon (he was certainly acquainted with Lisbon in the period 1628-1631) any more than João de Barros' information about India is invalidated by his never having been to India? If there were no woods near Sintra, or beaches, or a river near Lisbon, or woods near Almeirim, one might say that Faria y Sousa didn't know what he was talking about. But nothing he said is contradicted in the least by the geography of Lisbon, Sintra or Almeirim. If the king was not "cruising" for sex at night what alternate explanation would you give for what the king was doing during his nighttime excursions and meetings with mysterious men?

---

160. "...todos os dias corre mil perigos..." quoted in João Alves Días, *Portugal do Renascimento à Crise Dinástica* (Lisbon, 1998), p. 399.

161. Luciano Ribeiro, "Colectânea de Documentos acerca de D. Sebastião," *Stúdia* 5 (1960), p. 176: "...passeaua de noite cõ gente de pouca autoridade e menos mostras de uirtude."

9. Finally, your description of my essay as an "exercise in the history of sexuality" seems to me to be a subtle attempt to demote it, although that may not have been your intention. In Sebastian's case his failure to marry and to produce children had wide reaching implications, making a discussion of them far more than merely an "exercise in sexual history."
  With best wishes and many thanks for your interesting letter,

I am,
Sincerely yours,
Harold B. Johnson

* * *

[A versão portuguesa da minha resposta:]

Caro Senhor Professor Doutor Magalhães:

  Em primeiro lugar gostaria de lhe agradecer a sua amabilidade e o tempo que despendeu para ler o meu estudo, assim como pela crítica a ele efectuada. Fico-lhe grato. No entanto, lamento que o meu trabalho não tenha sido convincente. A sua carta pareceu-me confusa no que diz respeito à aceitação ou não das minhas conclusões. Concorda que D. Sebastião padecia de gonorréia? Deduzo que sim, já que parece aceitar a minha ideia de que o padre Câmara seria o agente de transmissão mais provável. Concorda que D. Sebastião era homossexual? Rejeita a ideia de que ele procurava aventuras homossexuais nocturnas, mas isso indica que considera que D. Sebastião era heterossexual? Se assim for, que provas tem que sejam indicativas da sua heterossexualidade e que refutem a minha alegação de que ele seria homossexual? Ou acha que ele era "assexuado"? É óbvio que não concorda com a hipótese que coloco de que o seu obsessivo desejo em ir para a guerra em Marrocos pode ter sido impulsionado por um desejo inconsciente de morte. Esta sua discordância é perfeitamente razoável. Na verdade, o ponto fulcral do meu estudo apenas se refere à gonorréia e a homossexualidade de D. Sebastião. O "desejo de morte" que referi trata-se apenas de um pormenor extra, por assim dizer.

Farei de seguida alguns comentários adicionais relativamente aos pontos que mencionou, mais ou menos na ordem em que os apresentou.

1. Diz que "acuso-o" de "branquear" D. Sebastião. Julgo não ter dito nada disso. Disse sim que achava que a descrição que faz do reinado de D. Sebastião "rejeitava" de forma demasiado fácil as questões que eu consideraria cruciais para a sua compreensão. Isto não me parece que seja "branquear" alguma coisa. Na verdade, o termo que utiliza ("branquear") dá a entender que, ao manter a ideia de que D. Sebastião foi sexualmente abusado e que se tornou homossexual, isso o "denegriu." Tal como demonstro no meu trabalho, não acredito em nada disso. Vejo D. Sebastião como uma trágica vítima das circunstâncias infelizes não criadas por ele; de facto não vejo nada de "sujo" ou "maculado" na sua homossexualidade. Talvez um certo preconceito da sua parte (de que a homossexualidade é um pecado ou defeito, ou algo sujo) transpareça aqui um pouco.

2. A sua afirmação de que o meu estudo foi elaborado a partir de uma "total carência de documentos" também me parece longe da verdade. Não utilizei *documentos de arquivo não publicados* (para além do horóscopo que descobri na Biblioteca Nacional) mas não há dúvida de que utilizei documentos impressos, indicados nas várias notas em rodapé, conforme pode ver. Além disso, o material tirado de Davila y Burguero baseia-se em documentos de Simancas, tal como a maior parte da informação na biografia de Veloso, assim como de outros autores. Mais, informações importantes, como a data em que o padre Câmara se apercebeu das secreções de D. Sebastião, foram retiradas de um "documento" (carta) citado por Francisco Rodrigues, S.J., e

o testemunho relativamente à altura em que a *espermatorreia* apareceu pela primeira vez foi também retirado de documentos utilizados por David Higgs. Poder-se-iam acrescentar vários outros exemplos, mas acho que já transmiti o meu ponto de vista. Não me parece que esta seja uma situação de "total falta de documentos."

O Sr. Professor sugere também que eu "engendrei" primeiro as conclusões e que procurei depois os documentos que as apoiassem. Esta é mais uma suposição errada que faz. Comecei a interessar-me por D. Sebastião quando, na Biblioteca Nacional, me deparei com um horóscopo elaborado pouco depois do seu nascimento. Depressa me apercebi que o horóscopo não previu o seu futuro correctamente o que me impeliu a procurar saber mais sobre a sua vida, em particular sobre a sua sexualidade, já que uma das previsões mais infelizes seria de que ele iria casar e ter "muitos" filhos. Descobri que D. Sebastião contraiu gonorréia aos dez anos de idade (até ver a referência feita à carta que o padre Câmara escreveu a Roma eu supus, conforme outros historiadores também o fizeram, que ele ficou infectado aos onze anos). A pergunta que a seguir se colocava seria como é que ele ficou infectado. Não apresentarei de novo o meu raciocínio, mas o agente de infecção mais provável era, sem dúvida, o padre Câmara. Crianças de dez anos de idade não apanham gonorréia "indirectamente," conforme o sabem a maioria das pessoas bem informadas. A pergunta seguinte seria se ele se tornou ou não homossexual. Uma vez mais, é absurdo defender que um jovem, que todas as fontes descrevem como completamente desinteressado por mulheres ao ponto de lhes ser alérgico, que evitava o casamento, e que nunca concebeu filhos, fosse um heterossexual "normal." Só as pessoas ingénuas ou psicologicamente ignorantes poderiam chegar a essa conclusão. A ideia de que ele poderia ser "assexuado" é também insustentável; porque, tal como Freud tornou claro, jovens rapazes nunca são "assexuados." Assim sendo, visto que no desenrolar da minha leitura me deparei com evidências cada vez mais compatíveis com a hipótese de que D. Sebastião era homossexual, propus-me defender o meu ponto de vista. Foi algo que surgiu gradualmente a partir da pesquisa que efectuei, e não algo concebido *a priori* conforme o Sr. Professor dá a entender. Quem não aceitar essa ideia terá, nesse caso, de provar que D. Sebastião era heterossexual. Seria interessante ver quais os argumentos que conseguem reunir em defesa dessa ideia.

3. Concordo que, até à data, a melhor biografia de D. Sebastião é a de Veloso. Até o confirmo quando chamo a atenção para o facto de que a maior parte do trabalho efectuado sobre D. Sebastião após essa altura é baseado no que ele fez. A questão da gonorréia é um caso tido em conta. Veloso entendeu correctamente que D. Sebastião estava infectado, e disse-o, mas quando chegou a altura de analisar a questão mais a fundo, ele simplesmente parou (por puritanismo ou falta de conhecimento, ou por qualquer outra razão) e considerou que D. Sebastião a deve ter "contraído indirectamente" já que o que sabemos sobre D. Sebastião torna improvável o contágio directo. É claro que, actualmente, isso não é nada convincente. Um rapaz pode ser abusado sexualmente sem que ele próprio seja promíscuo, tal como se tem tornado evidente com os escândalos da *Casa Pia*. Em resumo, os "hábitos" de um rapaz não são o factor determinante para saber se ele é abusado ou não por parte de um adulto. Tendo em conta o ambiente intelectual que se vivia em Portugal na altura em que Veloso escreveu a biografia, julgo que ele simplesmente era incapaz, ou não estava disposto a imaginar a hipótese de abuso sexual cometido a um pequeno rei. No entanto, ele percebeu que D. Sebastião tinha gonorréia e afirmou-o.

4. Quanto à obsessão de D. Sebastião em ir para a guerra em Marrocos, não me recordo de alguma vez ter dito, ou ter dado a entender, que essa ideia se limitava ao rei. Pode indicar-me onde o fiz? Na altura era uma ideia que estava "no ar," tal como é demonstrado n'*Os Lusíadas*. Mas, o importante ponto a considerar não é se a ideia estava "no ar," mas sim porque é que um rei supostamente inteligente e ponderado, estaria obcecado com ela. Não acredito que tal tenha sido suscitado meramente pela

instrução Jesuíta, por si só. Estou convicto que os professores universitários (e eu também fui um), se auto-lisonjeiam julgando que os alunos são mais influenciados pelo que eles dizem do que o que acontece na realidade. Para D. Sebastião se agarrar a essa ideia e ficar tão obstinadamente obcecado com ela como ficou, necessitaria de uma forte e inconsciente motivação, e não apenas o que alguns professores jesuítas lhe haviam dito. De facto, o seu tutor jesuíta tentou em vão dissuadi-lo. Por isso pode dizer-se que ele se fixou na ideia apesar dos conselhos dados pelos seus professores jesuítas. Não entendo assim a sua dúvida ou como é que isso invalida o meu raciocínio.

5. Os seus comentários relativamente à questão da sucessão também não me parecem ter muito a haver com a minha tese. Em parte alguma fiz qualquer relação entre as motivações de D. Sebastião e a questão da sucessão. O facto de que D. Sebastião nunca casou e nunca teve descendentes levou à crise de 1578 ou 1580, não intencionalmente, mas como resultado da evolução dos acontecimentos. Terei dito ou dado a entender o contrário?

6. De igual modo, as minhas argumentações de forma alguma dependem das citações de Sérgio ou da sua opinião sobre D. Sebastião. Simplesmente usei os seus comentários para ilustrar um extremo no ponto de vista português relativamente a D. Sebastião. Daí que não entendo a razão porque se concentra nelas, já que nada têm a haver com a minha argumentação.

7. É impossível provar se D. Sebastião teve ou não desejos suicidas da mesma forma que se pode provar a data de nascimento de D. Sebastião ou a data em que Napoleão morreu. No entanto, eu detecto algumas sugestões de tal desejo na informação sobre ele que nos foi transmitida (ver a minha nota 155). A esse respeito, existe também a afirmação de um Embaixador Papal de que D. Sebastião era habitualmente tão temerário que punha a sua vida constantemente em perigo.[162] Talvez eu esteja mais sensível do que a maioria das pessoas às motivações inconscientes dos outros, já que eu próprio tive a boa sorte de passar alguns anos em intensiva psicanálise freudiana. Como

resultado, vejo muitas vezes uma certa incapacidade por parte de algumas pessoas que não foram submetidas a análise em captar as motivações inconscientes de outros, incluindo figuras históricas. A sua aparente suposição de que os homossexuais (admite que tais pessoas existissem em Portugal no séc. XVI bem como hoje?) não procuravam sexo casual sob a calada da noite no tempo de D. Sebastião, parece-me simplesmente ingénuo. Ou prefere manter a ideia de que o jovem rei, conforme é dito em documentos (sim, de facto documentos escritos) tenha passado noites com pessoas de muito baixo moral, sem nunca ter tido semelhante comportamento?[163] Acha que as histórias de Faria y Sousa são meras invenções baseadas em nada? Porque razão o testemunho de Faria y Sousa seria invalidado por ele não ter conhecimento pessoal de Lisboa nos meados do século XVI (conheceu seguramente Lisboa no período 1628-1631), mais do que seria também invalidada a informação de João de Barros sobre Índia pelo facto de ele nunca ter estado na Índia? Se não tivesse havido pinhal perto de Sintra, ou um rio com praias perto de Lisboa, ou pinhais perto de Almeirim, poder-se-ia dizer que Faria y Sousa não sabia o que dizia. Mas nada do que diz é minimamente contradito pela geografia de Lisboa, Sintra ou Almeirim. Se o rei não procurava aventuras homossexuais à noite, que explicação alternativa daria quanto ao que o rei fazia nas suas excursões nocturnas?

Finalmente, a sua descrição do meu ensaio como sendo um "exercício sobre a história da sexualidade" parece-me ser uma subtil tentativa de diminuí-lo, apesar de que talvez não tenha sido essa a sua intenção. No caso de D. Sebastião, o facto de não ter casado e não ter concebido filhos teve implicações de longo

---

162. "...todos os dias corre mil perigos..." citado em João Alves Dias, *Portugal do Renascimento à Crise Dinástica* (Lisboa, 1998), p. 399.

163. Luciano Ribeiro, "Colectânea de Documentos acerca de D. Sebastião," *Stúdia* 5 (1960), p. 176: "...passeaua de noite cõ gente de pouca autoridade e menos mostras de uirtude."

alcance, de forma que, discuti-las, seria mais do que um simples "exercício sobre a história da sexualidade."

Com os melhores cumprimentos, agradeço a sua interessante carta,

De V. Exa.,
Atentamente,
Harold B. Johnson

Harold Johnson nasceu em Hastings, Nebraska, U.S.A. em 1931. Depois de receber o bacharelato e mestrado da University of Cambridge (UK), ele doutorou-se com uma tese sobre a Galícia medieval na University of Chicago em 1963. Depois expandiu os seus conhecimentos da história Luso-Brasileira como um Post-Doctoral Fellow na Universidade de Yale durante os anos 1964-1968 com pesquisas nos arquivos de Brasil e Portugal. Foi bolsista da Social Science Research Council (duas vezes) e da Fundação Ford. Em 1969 entrou na Faculdade de História da University of Virginia onde ensinou cursos da história da Américan Latina e Ibéria. Dirigiu o Latin American Studies Center de 1970 a 1974. Em 1981 mudou para a posição de Scholar-in-Residence para se dedicar exclusivamente a pesquisa histórica.

E autor, além de artigos e recenções em muitas revistas, de: *From Reconquest to Empire: The Iberian Background* to *Latin American History* (Knopf, 1971); "The Settlement of Brazil, 1500-1580" na *The Cambridge History of Latin America, I* (London, 1984), 249-286; (com Maria Beatriz Nizza da Silva) *O Império Luso-Brasileiro, 1500-1620* (vol. VI da *Nova História da Expansão Portuguesa*) (Lisbon, 1992); *Camponeses e Colonizadores* (Lisboa: Ed. Estampa, 2002).